A WOMAN'S

ENTREPRENEURSHIP

マイペースでずっと働く！

女子のひとり起業2年目の教科書

「ひとり起業塾」主宰
滝岡幸子

同文舘出版

この本を手に取ってくださった、あなたへ

起業した後に、本当の舞台がスタートする！

開業は幕開けであり、それからの物語をつくり上げていくのは、自分自身！

こんな事実に気づいたのは、起業後のことでした。そして、思いもしなかった「現実」に直面し、「どのように解決すればいいのか？」がわからない。

実は、起業して10年以上経つ中小企業の経営者さんも同じことを考えていらっしゃいます。事業の段階によって、悩みごとや課題の中身は変わるのですが、「解決策を探して、前進していく」作業が続くことに変わりはないのですね。

直面するたくさんの問題には、「解決する方法」が必ずあります。「経営」という観点から、課題を掘り下げていきましょう。この本には、そのポイントが散りばめられています。きっとスイスイと読みながら、「なるほど！」が見つかるはずです。

また、本書のタイトルにある「ひとり起業」とは、「たったひとりで起業して、ビジネスを継続していくこと」。そして「社長・経営者自身のスキルや知識を売る商売」、つまり、社長自身が商品で、たとえ従業員がいても社長がいなければ成り立たない事業のことです。

本書は、次のような方々のための本です。

- 起業する直前、事業を起こしたばかり、または起業して1～2年で、経営者として売上を伸ばしたい方
- 起業して5～6年が経ち、経営のさまざまな課題を抱える中小企業の経営者さん。原点に戻って、事業のあり方や解決する方法を探したい方
- これから起業したい方で、「起業とは何なのか?」「起業にはどのようなことが必要なのか?」を予習してみたい方

この本には「お金」「人材」「営業」「仕組み」などの項目別に、「長く経営を続ける」、「売上を上げる」ためのポイントが詳しく書かれています。たとえばPart5「楽しい☆組織論」なんて「ひとり起業なのに、組織?」と思うかもしれませんが、ひとり起業家はさまざまな場面で、「数人で共同事業を行なう(コラボレーション)」、「チームを組む」ことになります。その時には、一緒に働く人の選び方等が重要になりますので、そのポイントを記しました。

さあ、「あなたらしく、長く続けていく方法」を一緒に探していきましょう!

「ひとり起業塾」主宰　滝岡幸子

Contents

マイペースでずっと働く！

女子のひとり起業
2年目の教科書

この本を手に取ってくださった、あなたへ

Part 1

「ひとり起業、続けてます」先輩3人のケース

Part 2

あなたのビジネスは、あなたの幸せを生むものです

Part 3

よくある、経営者の頭が痛い「課題」

Part 4

ひとりでできる営業術

Part 5

楽しい☆組織論

Part 6

ひとりで3役こなせる「仕組み」づくり、業務改善

Part 7

堅実な「お金」のはなし

Part 8

新しい事業をつくりましょう

Part 9

働き方と時間術

Part 10

起業後の「法律」「特許」「法人化」のはなし

カバーデザイン／高橋明香（おかっぱ製作所）
本文デザイン・ＤＴＰ／新田由起子、徳永裕美（ムーブ）
カバークラフト／石井希（kuralica）
本文イラスト／大野文彰

Part 1

「ひとり起業、続けてます」先輩３人のケース

1-01

40代半ばで天職に出会った！「ワンちゃんのお散歩、代行いたします」

wan-po company

小山由美子さん

「動物にかかわる仕事がしたい」と小さな頃から夢描いていた小山由美子さんが、天職に出会ったのは40代半ば。それまではずっと接客業で、動物とはまったく関係のない仕事をしていた。しかし今は東京都足立区で、ペットシッターと老犬介護の「wan-po company（わんぽ・かんぽに～）」をひとり起業している。事業内容は、犬・猫の「ペットシッター」、お散歩代行、ペットホテル、老犬介護。犬や猫と家族のように過ごす毎日で、取材中もずっとお預かり中のワンちゃん

【開業時】	
自宅を活用（物件取得・内外装費はなし）	
ペットのおもちゃ・お菓子等を数千円仕入れ	
【開業後：ペットホテルのスタート前】	
物件取得費	-
内外装工事費	120万円くらい（床のリフォーム、壁の塗装、玄関を広げる等）
備品	５万円くらい（ゲート、ケージの購入）
運転資金	-
仕入れ費	数千円（ペットのお菓子、おもちゃ等）
【営業】	
店舗面積	住居兼事務所として、一軒家をまるまる利用
１日の客数	１日に、多い時は６件、少ない時は１件
客層	犬：猫＝１：１（時期によっては、猫が多い）。飼い主は、犬はご家族一家、猫はひとり暮らしのOLさん等も
客単価	犬：3000円くらい、猫：2000円くらい
スタッフ	小山さんひとり

が室内を走り回っていた。「常連さんで、飼い主さんがご旅行中なので5泊しています」。週に3～4回のお散歩の依頼から、ペットホテルは長い場合、飼い主さんの海外出張等で5～6週間の利用もある。犬のお散歩代行はとにかく歩く仕事で、「万歩計をつけたら、2万歩は超えていました」。カラダを動かすことが好きな小山さんにぴったりの職種だ。

夢に描いた職業がおそらく世の中に存在しなかった20代の頃

子ども時代、シーズーとマルチーズのミックス犬「ぺぺ」や拾ってきた犬や猫、たくさんの動物を飼っていた。「犬の訓練をする仕事がしたい」と思ったが、当時は一般犬のドッグトレーナーの学校がなく、トリマー養成の専門学校を卒業。20歳から約5年間を米国・ロサンゼルスで暮らした。「考えるより先に行動する性格で、『海外に住んでみたい！』と思い立って、ポンと渡米しました」。帰国後、日本がバブル経済の後期となり、28歳の時、自己資金や友人達の出資でアメリカのヴィンテージ服

1日のスケジュール（ペットホテルがある日）

7：00	起床、朝食
8：00	預かっている犬のお散歩（1回目）
8：30	預かっている犬のご飯 犬と遊ぶ、マッサージ
12：00	昼食
13：00	ペットシッター（お客様の自宅に伺い、世話とお散歩） 数件
17：00	預かっている犬のお散歩（2回目） 預かっている犬のご飯
19：00	ペットシッター（お客様の自宅に伺い、世話とお散歩）
20：00	夕食 パソコン作業（ホームページ、ブログ等で発信、メールチェック等）
25：00	就寝

ご主人が手書きで作ってくれた看板。「人通りが多い道なので、この看板を見て来てくださる方もいます」

＊泳ぐことがストレス解消。そしてペットホテルのない日は、クラブ（ディスコ）へ踊りに行くのが好き、という小山さん。翌日早朝にペットシッターのお散歩業務がない場合、朝まで踊ることも。

を売る古着屋を立ち上げた。東京・北千住の古い平屋を借り、アメリカで商品を買い付けてダッフルバッグに詰め込んで持ち帰った。店頭に立ち、6年間経営。その頃、同じく北千住に住むご主人に出会って結婚。店をたたんだ後は、接客の仕事に就いていた。しかし思わぬ転機が訪れたのは40代半ば、実兄から「ドックカフェをやるので、手伝って欲しい」と頼まれた。そして小山さんは開店のため、店舗レイアウトを考えて内装工事、カーテンの色からメニューと価格決定まで、中心になって奮闘。子供の頃から夢だった「動物に関する仕事」に携わるきっかけは「そんな夢は、忘れかけていた」頃にやってきた。

近所の犬をお散歩に連れ出したことが起業のきっかけ

プライベートで、近所の犬を散歩に連れ出していたある日。友人から「犬のお散歩を仕事にしたら?」と言われた。「そんな事が仕事になるのだろうか?」と調べると、ペットシッターという職種を知った。「これだ!」。動物の世話なら、子供の頃から心得ているので、すぐにペットシッターの仕事をはじめることに。2010年6月、「第一種動物取扱業」を取得して開業。屋号は、わんちゃん+お散歩で「wan-po company（わんぽ・かんぱに～）」と名づけた。

最初の3年間は鳴かず飛ばずで、アルバイトと掛け持ち

しかし「最初の3年間は、とても暇でした！」。仕事の依頼が少なく、お総菜屋さんのアルバイトを掛け持ちしながら、収入を得ていた。開業から半年後、「ワンちゃんの写真が可愛くて、公開しないのはもったいない」と思ったことがきっかけで、ブログを開設。ホームページを自分で制作し、チラシを近隣地域にポスティングした。

最初の業務内容は、ペットシッターとしてお客様の自宅に伺ってのペットの世話やお散歩だったが、「ペットを数日間、預かって欲しい」という要望が増えた。そこで築90年の自宅を改装し、1階を事務所にした。1階の床をリフォーム、家具の配置を変えてゲートを数ヶ所に設置して事務所として使用。2階に犬用のケージを置き、犬の就寝場所としている。「夜中もずっと私達のすぐそばで、安心して寝ることができます」。

「契約書」のトラブル発生！

お客様が増えてきた頃、トラブルが発生した。それは、契約書等の書類について詳しくわからなかったためだという。「契約書を作成したにもかかわらず、お客様とその内容でもめる」という事態だった。その原因は、契約書の「控え」を手元に取り置かず、契約書原本をお客様にお

ペットシッターになるきっかけとなった、近所で飼われていた犬「ラブちゃん」

小山さんのお仕事道具。申込書や契約書等を入れたA4サイズのバッグ、リュック、お散歩用の斜めがけバッグには、犬用のうんち袋やトイレ用の水、おやつを常備。

渡ししたこと。お客様の帰国後、ペットの世話をする回数について、「言った、言わない」の問題となり、長期間契約したはずの代金の大部分を回収しそびれたのだ！「契約書はなくしたと言われれば、こちらに何の証拠もなく、未回収分は泣き寝入りとなりました」。その事態をきっかけに、登録書と契約書を作成し直した。契約書一部を手元に置けるよう、新規のお客様向けの「ペットシッター登録書」や「契約書」は「複写式」に変更。それらの書類は、文言を自分で考え、紙をネットで注文して自宅のプリンターで印刷。また、この教訓をもとに、料金は全額を前納いただくことを徹底した。

起業4年目、ホームページがヒット！

売上が伸びてきたのは起業4年目。ホームページがヒットするようになり、新規のお客様からの問い合わせがちょくちょく入り、時間が経つごとに売上が増えた。お客様は旅行に行く際に犬や猫を預けるが、それは多くても年に4～5回。客数が増えると共に、一度利用してくれたお客様がリピーターとなり、その積み重ねで売上が伸びた。

wan-po company の料金表

＊表示は、税抜き金額

	お散歩のみ 30分	お散歩のみ 60分	お散歩 30分 ＋餌やり など
小型犬 (約8kgまで)	¥ 1,500	¥ 2,900	¥ 2,200
中型犬 (約8～20kg)	¥ 2,000	¥ 3,800	¥ 2,900
大型犬 (20kg超)	¥ 2,500	¥ 4,700	¥ 3,600

ねこ	(2匹まで) ¥ 2,000	(3匹目から) ¥ 300/1匹

実績が上がると同時に、事務所近隣からの依頼も増加。出会えるペットの数が増えるのは嬉しいことだが、自分ひとりの限界を感じる時期もある。時には、疲労で帯状疱疹を発症したまま、お世話に出掛けたこともあるそうだ。

「いただく代金以上の仕事をする」で信頼もアップ

自分で事業をする中でいつも気を付けていることは、代金以上の付加価値のある仕事をすること。たとえば、シッティングの際には、お散歩の仕方が上手になるようにトレーニング、お散歩コースを変える、猫にはいろいろなおもちゃを持参する等。「ワンちゃんも猫ちゃんもニコニコと応えてくれるので、幸せな気持ちになります」。開業後、「ホリスティックケア・カウンセラー」「ＪＰＭＡ公認　ペットマッサージ　セラピスト」「全国ペットシッター協会認定　ペットヘルパー（老犬介護士）１級」等の資格を取得する等、勉強を続けている。

開業から丸６年が経ったが、起業して後悔したことは、まったくない。「もっと早くこの仕事をやっていればよかった」と思えるほどの天職に出会えたことを小山さんは幸せに感じている。

wan-po　company（わんぽ・かんぱに～）
住所：東京都足立区千住2-49
電話：080-5198-4019
HP：http://wan-poco.jimdo.com/
わん散歩ブログ：http://ameblo.jp/wan-poco/
営業時間：8:00 ～ 20:00

1-02

プロ並みのシミ抜きができる「スポッとる」を開発し、ネット通販累計16万個売れ、月商は1000万円に！

㈱ハッシュ　浅川ふみさん

家庭でも、プロ並みにシミを落とせる「スポッとる」。株式会社ハッシュの代表取締役、浅川ふみさんが開発したシミ抜き剤で、発売から8年で累計販売数16万個を突破した。同社の商品は「スポッとる」のみ、衣類に塗っておくだけで、頑固なしょうゆや口紅、インク、襟の黄ばみ、古いシミさえ取れる。繊維にしみ込んだシミをバラバラに分解して除去するが、生地は変色させず、傷めないという優れものだ。「10年以上積み重なったシミも、1週間から10日間かけて、繊維に入り込んだ

【自社ネットショップ開設時　費用】	
デスクトップ・パソコン	15万円
ソフトウェア、サーバ	3万円（ホームページビルダー ,決済・カートソフトの購入、レンタルサーバ契約　等）
【事務所移転時】	
物件取得費	約200万円くらい
内外装工事費、備品	約100万円くらい（作業机、打合せ用テーブル、椅子、棚、収納ケース、パソコン3台（約50万円）等）
【営業】	
事務所面積	20坪
客層	主に主婦層。携帯版は、ビジネスパーソン等。
客単価	1,800 ～ 2,000円
1ヶ月のページビュー	10万PV/月
販売数	年間　4～5万個（累計16万個）
スタッフ	4名（浅川さん、パートタイム2名を含んだ従業員数）

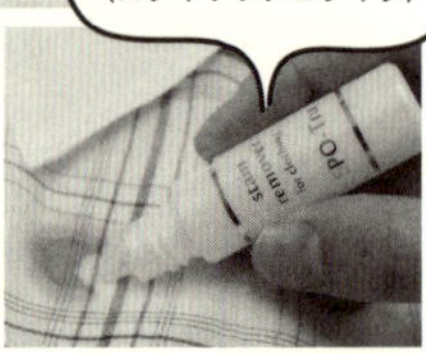
携帯用『スポッとる』（スタイリッシュタイプ）

汚れを分解させれば取れますよ」。

クリーニング店でシミ抜きを担当。「シミが落ちないのは、悔しい」

浅川さんはクリーニング店の娘として生まれ、子どもの頃から「自分で商売をしてみたい」と思っていた。12年間、実家のクリーニング店で「シミ抜き」を担当。頑固なシミを「すべては落とせません」とお客様に言うことが、悔しかった。「落ちないシミはない」と言えるよう、さまざまなシミに出会うたびに試行錯誤を繰り返す。「強い薬を使うと、生地が傷む」と悩み、何千回も失敗を繰り返した。そして生地を傷めずにシミだけを落とす方法を探し、薬品を調合して「スポッとる」の原型ができ上がった。すると、お客様から「他のクリーニング屋で落ちなかったシミが落ちる」と評価され、宅配便でシミ抜きの依頼が届くまでに。それで浅川さんは自信を持ち、「家庭でも、自分でシミ抜きができるようになるのではないか」と商品化を決意した。

ネットショップを開設するも、アルバイトで生活費を稼ぐ

「自分でつくった商品なので、自分で売りたい」と独立し、自

1日のスケジュール

7：00	起床、朝食
9：00	出勤
10：00	社外での商談 社内での打ち合せ パソコン作業（ホームページで発信、メールチェック等） （スタッフは、受注および発送作業に従事）
18：00	（定時）会社を出る 夕食（取引先との会食も多い＊） お風呂、家事等
24：00	就寝

＊会食はいつかお仕事につながることも多く、おつき合いも大事にしている

浅川ふみさん

宅の8畳間ではじめた。しかし、「どのように売ったらいいのか」がまったくわからない。実店舗を持っても、道行く人がシミ抜き剤のために来店してくれるとは思えない。そんな時、盛り上がりはじめたネット通販に着目。自分でホームページをつくるソフトウェア「ホームページビルダー」を買い、ページを制作し、2008年11月にネットショップをオープン。翌月、はじめて1600円の商品が売れた。「お金をかけないで運営するしかないので、ひたすらページをつくっていました」。翌年は、月商2万円くらいで推移。ショッピングモールに出店してみると、月商が5～10万円になった。しかしその頃はまだ、アルバイトをして生活費を稼いでいた。

東急ハンズからの電話。「売れる言葉」を磨いた実演販売

2009年冬、東急ハンズから「スポッとる！」20mℓ標準サイズを店舗で取り扱う話が来た。実はその前年、大型雑貨店に売り込みに行ったけれど、なかなか思うようにいかなかった。しかし、ネット通販で実績ができて、信用力が高まったのだろう。そして「個人事業主とは取り引きできない」と聞き、株式会社ハッシュを設立した。東急ハンズから「実演販売をしないか」。実演なんて、どんな外観や小物を揃え、どのようにシミが落ちることを伝えればいい

『スポッとる』
標準サイズ　20ml

のだろう。２０１０年春、実演の初日に売れたのは、たった2個。通りすがりの人に普通に話しかけるだけでは、足も止めてくれない。そこで他の実演販売を研究すると、「どんな言葉を使えば、人に響くのか」がわかるようになり、２年後には１日２００個売れた。

「楽天市場」に出店　月商１０００万円を突破！

転機になったのは、大型ＥＣモールへの出店だった。２０１１年8月、「楽天市場」にサイトをオープン。楽天の優良ユーザー向け広告に14万円をかけ、「５００円の商品が１日で１４００個、70万円売れました」。それからネット広告を工夫するよう

月商（１ヶ月の売上高）の推移

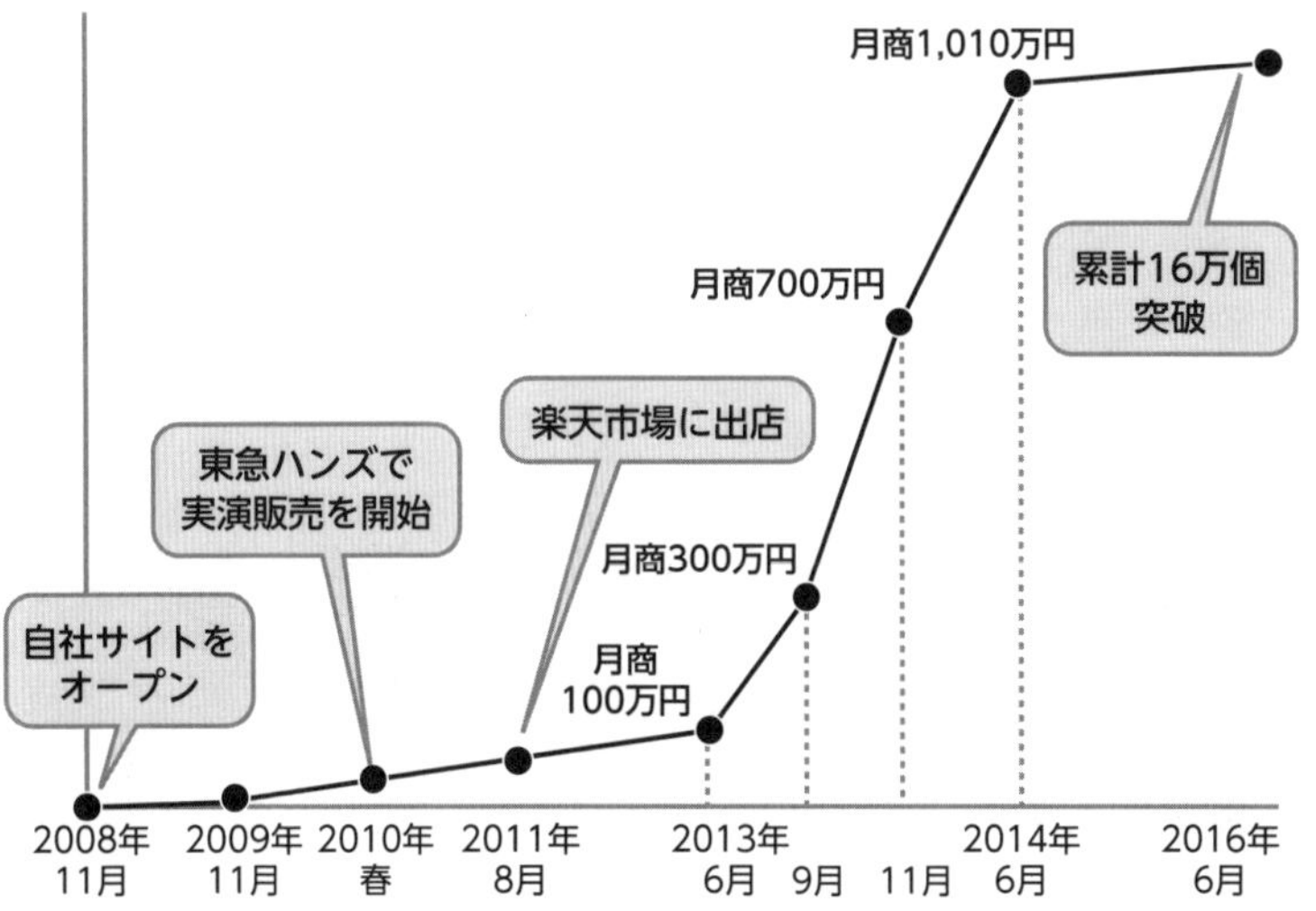

になり、売上高が急激に上昇。2013年6月に月商1000万円、その1年後に売上は10倍となり、月商1000万円を突破！　それまでは浅川さんひとり、8畳間に段ボールを山のように積み重ね、ほとんど睡眠も取らずに奮闘。さすがにパートタイマーを雇い、自宅に呼んで梱包等を頼まざるを得なくなった。「在庫もそれほどなかったですし、まさかそんなに売れるとは思いませんでした。この時、『この商品は売れる！』という自信がつきました」。2014年9月には、事務所を構えた。

容器が不良品で、5000個を回収！のトラブル発生

順調に売上が伸びる中、大きなトラブルが発生！　1日に5000個売れたが、なんと「液漏れ」のクレームが来た。容器がすべて不良品だったのだ。1件ずつ謝り、商品はすべて回収。容器販売の会社ともとことんやり合

段ボールにはわかりやすいラベル、整理整頓された社内。「細かい作業は女性、特に主婦に頼むと丁寧にやってくれます」

「ネットで検索して買ってくれる人はほとんどいない」。だからホームページに商品使用後の効果が見える写真、使い方の動画を掲載。

った。「それからは液漏れしていないか、神経質にチェックしています」。このクレームを転機に、品質管理を徹底し、梱包の仕方も見直した。「クレームは力にしなくてはいけない、と思いました」。

お客様の声を活かして、成長していく

浅川さんは「シミが落ちなかった」という声に敏感で、トコトン対応している。お客様に「どのような汚れか」をヒアリングし、「シミのついた衣類を送ってください」とまで言ったこともある。浅川さんは、「シミが取れない」という残念な思いをする人を減らしたい一心なのだ。お客様の声を聞かなければ、進むべき道もわからない。説明書やホームページの説明も、お客様の意見を活かして、都度、つくり変えている。

「自分でつくったものなので、類似品はこの世にない、と自信を持っています。今後も、『スポッとる』を多くの方に知っていただけるようプロデュースしたい。シミ抜きの定番商品になるよう、広めていきたいです」

株式会社ハッシュ
住所：東京都大田区中央3-5-6-2階
電話：03-3778-7121
Mail：spo-trumaster@hush08.com
営業時間：月～金曜　10:00 ～ 18:00（祝日は除く）
HP、WEBショップ：http://www.hush08.com/
「Hush（ハッシュ）楽天市場店」：http://www.rakuten.co.jp/hush08/

1-03

「タイが好き」で開いたタイ料理教室は、大人気に！「好き」は極めると仕事になり、人とのご縁で道が開けた

ティッチャイタイフード・スタジオ　長澤恵さん

「友人に誘われて訪れたタイ料理店のパッタイ（タイの焼きそば）の虜になり、タイ料理教室の先生になった」、こんなドラマのような話。長澤恵さんは、一般企業で総務事務の仕事をしていた頃、友人に誘われ、タイ料理店に食事に行った。料理のとりこになった長澤さんは店に毎日通い、「パッタイのつくり方を習うために、ここで働かせ

起業のための貯金「300万円」の範囲内で起業する、と決めていた。「借金だけは絶対にしたくない、300万円がすべてなくなったら、潔く諦めようと思っていました」

申込後に入金いただく前金制。食材は人数分だけ仕入れるのでロスがない。キャンセル料は１週間前から設定。

【開店費用】

物件取得費	100万円弱
内外装工事費、備品	約200万円(キッチンのコンロ、水回りの改装、作業テーブルの設置、食器の購入等)
運転資金	特になし
仕入れ費	レッスン毎(前受けレッスン料から捻出)

【営業】

店舗面積	キッチン７畳＋食事スペース７畳
客層	30代前半～70代の女性が多く、１割は男性
客単価	通常レッスン　5,800円、 スペシャルレッスン　6,500円～
１日の客数	1レッスンの定員8名、ブランチレッスン(昼)とディナーレッスン(夜)
１ヶ月のレッスン数	平均　30レッスン/月
スタッフ	長澤さんひとり

て欲しい」。とうとう会社を辞め、その料理店でアルバイトをはじめた。「その頃は、タイ料理の仕事を自分ではじめるなんて思っていませんでした」。

「タイの郷土料理を日本に紹介したい」

最初はタイ語のあいさつ、接客から習い、厨房では洗い物やエビの皮むき等。地道だったけれど、小さな頃から料理が好きな長澤さんにはすごく楽しい仕事だった。そしてタイを旅すると、地方には日本で知られていない郷土料理がたくさんあることを知る。「なぜ、これほどおいしい郷土料理が日本で紹介されていないのだろう。調理法を聞いて、日本に帰って自分でつくってみたいと思いました」。

ある１日のスケジュール

8：00	起床、朝食
9：00	教室に到着。準備開始 食材の買い物、食材の準備、レシピを人数分用意
10：45	生徒さんの迎え入れ
11：00	ブランチレッスン　開始
15：00	ブランチレッスン　終了
15：30	掃除 ディナーレッスンの食材を切っておく等の準備
17：30	自宅に帰って、仮眠
18：30	教室へ戻る
18：45	生徒さんの迎え入れ
19：00	ディナーレッスン　開始
22：00	ディナーレッスン　終了 1時間かけて掃除
23：30	帰宅後、パソコン作業(ホームページ、ブログ等で発信、メールチェック等)
25：00～26:00	就寝

１日にレッスンは２回、ブランチクラス(11時から15時)、ディナークラス(平日は19時から22時、土日祝日は17時から21時)

自宅を教室から近い場所にしてから、満員電車に乗る機会が減ってストレスが激減

夜は１時間かけて、テーブルや鏡を磨き、床の隅々まで拭く。自分の時間はほとんどなく、実母が買い物をサポート

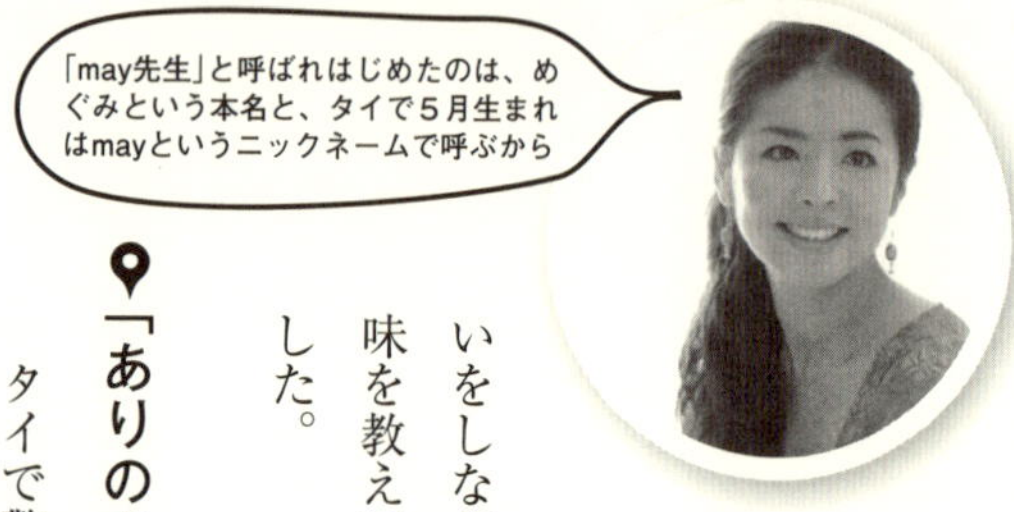
「may先生」と呼ばれはじめたのは、めぐみという本名と、タイで5月生まれはmayというニックネームで呼ぶから

現地の料理を習うために「タイ語」を独学で習得

タイ料理を覚えるためにタイを北から南まで訪れ、おいしい店を見つけては、「教えて欲しい」と飛び込みで頼んだ。そして数日間厨房に入って皿洗いをしながら、さまざまな料理を学ぶ。けれど、タイ語がわからなければ、詳しい本場の味を教えてもらえない。だからタイ人と多くしゃべり、タイの映画を見て、タイ語を独学した。

「ありのままを尊重する」タイ人の性格に惹かれて

タイで驚いたのは、どのレストランのテーブルにも多くの調味料が置いてあること。タイ人にとって、「料理を自分の好きな味に変える」のは自然なのだ。「会社員時代はルールに縛られ、すごく窮屈に感じていました。タイに出会って解き放たれた気分になり、私自身を自由に表現できるようになりました。他人を否定しないタイの人達に触れて、『今の自分のままでいい』と居心地よく感じたのです」。

「知名度を上げよう」とカルチャースクールで講座を開く

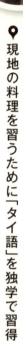

２００２年、アジア料理のサークルで初めてのレッスンを開催。「緊張したことだけは覚えています。集客はあまりできませんでした」。そこで長澤さんは「私の名前が知られるようにならなければ」と痛感し、さまざまなカルチャーセンターや貸し教室で講座を開く。「教えることに慣れ、料理を紹介できることが楽しく感じるようになりました。でも、全然お金を稼げるという状況ではありませんでした」。ホームページをつくると、長澤さんの存在が知られるようになり、「この料理教室をきちんとした仕事にしよう」と思うように。しかしレッスンのたびに、長澤さんも生徒さんもあちらこちらに移動しなければならない。食材を持参し、タイの調理道具は石ウス、木材等が多くてすごく重たい。「いつもバタバタした状態で、自分らしい色も出せませんでした。自分が落ち着ける拠点を持たなければ、これ以上伸びない。どこかに場所を借りたい！　と感じるようになりました」。

小物やテーブルに置かれた飴までずべてタイのもの。細部までこだわるのは「タイの雰囲気を味わって、楽しんで帰って欲しい」から。

念願の料理スタジオをオープン

物件を借りるなら、夜遅いレッスンでも安心な、駅から徒歩3分以内という条件。実家がある千葉県に近い、東京都内のターミナル駅の「錦糸町」なら、タイ食材の店も2軒ある。そんな錦糸町駅から徒歩1分のマンション物件が見つかり、2010年3月、1DKに料理教室「ティッチャイタイフード・スタジオ」をオープン（〝ティッチャイ〟はタイ語で「魅了される」という意味）。キッチンは住居用だったので、コンロの数を増やし、水回りを改装し、調理用の大きな作業台を設置。7畳の部屋に8人掛けのダイニングテーブルを置き、実習後の食事スペースとした。タイで仕入れた調理器具やクッション、小物が置かれた、とても居心地のいい空間ができ上がった。

クチコミで生徒が集まる人気教室に

業務として、「企業向けの商品企画、メニュー開発」にも力を入れていくことに。そして先輩女性経営者の「企業とおつき合いする

タイの料理店で修行していた頃。かわいらしい長澤さんは、実はとても力持ち。「小学校の頃から、腕相撲は女子で一番でした」。料理教室の先生はレッスン中もずっと立ちっぱなしで、結構、体力のいる仕事なのだ

には、こちらも会社として取引をしたほうがいい」というアドバイスで、株式会社を設立。その先輩経営者は、タイの政府関係者を招き、会社設立パーティを開いてくれた。2013年には、著書『長澤恵のタイ料理教室』も出版。自社スタジオのオープンから丸6年が経ち、ホームページ、ブログ、フェイスブックを見るだけでなく、口コミ（友人知人の紹介）で集まる生徒も多く、毎月約250名が通う人気教室となった。毎月、平均30回のレッスンを開催している。

生徒さんが参加する「MAYが案内するタイの旅」

教室の生徒さんを連れてタイ各地を巡り、

生徒とのコミュニケーションで気をつけていること3つ

① **誰に対しても公平に接する**
「はじめての生徒さんでも楽しく過ごせるようにすることが私の役目だと思っています」。予約もすべて先着順で受付。

② **話題は「タイ」と「料理」中心に**
プライベートはあまり話さない・聞かないほうが、全員が心地よくタイ料理に集中できる。

③ **仕事にプライベートは持ち込まない**
プライベートで嫌なことがあっても、教室ではいつも同じテンション。愛猫が亡くなった日でさえ、涙をこらえ、笑顔で通した。

現地の生活を垣間見ながら料理を味わうツアーは、通算で20回開催。旅は楽しいが、その下調べが大変だ。事前に何度もタイに下見に行き、現地のおいしい店を探すのが一苦労。自分の足で店を訪ね、食べてみて、紹介したい店だけを根気よく探している。

長澤さんは子ども時代、「好きなことはするけれど、嫌なことはしない」性格を、〝わがまま〟だと言われたことがある。けれど大人になって、「好き」なことだけを探求した結果、それが天職に。「自分の大好きな料理を教えることができ、皆が集まってきてくれるなんて、これ以上幸せなことはありません」。今後は、タイの素材で作った自社企画のオリジナル商品を販売していく予定。また、教室オープン時から構想しているオリジナルの「から揚げ」を売るフランチャイズをやってみたい、という秘かな夢も持っている。

友人のイラストレーター、おおのきよみさんが描いてくれたロゴマーク。愛らしいマークを載せたランチョンマット等の自社商品を販売中

ッチャイタイフード・スタジオ
cai(イッチャイ)
住所：東京都墨田区錦糸3-7-11　メゾンドファミール406
電話：03-6456-1079
HP：http://www.titcaithaifood.com/
Facebook：https://www.facebook.com/titcai/

Part 2

あなたのビジネスは、あなたの幸せを生むものです

2-01

ハッピーな起業、10のチェックリスト

起業して数年経つと、視野が広くなり、自分が置かれた環境が見えてきます。

「私生活はどうなったのか？」

「売上や収入はどうなのか？」

「目指していた方向に行っているのか？」

この本を読んでくださっているということは、ご自分の今後の方向性について、何かしらお考え中のことでしょう。

あなたは毎日、楽しいですか？　いい兆しが見えていますか？　それとも、苦しいですか？　うまくいかない理由は何だと思いますか？　この本が、夢への近道を見直すきっかけになれば嬉しいです。

さて、起業して2年が過ぎたら、次の10のポイントを見直してみましょう（まだ起業前の場合は、起業から2年間はこんなポイントを振り返りながらがんばることになります）。

起業して2年経ったら見直したい10のポイント

□「年商」はどのくらいですか？

毎年、年商（1年間の売上合計）は増えていますか？　自分の目標に近づいていますか？

□「月商」はどのくらいです

月商（1ヶ月の売上合計）はいくらですか？　今の状態でちょうどいい額ですか？

□「利益」はどのくらい出ていますか？

実は、ひとつひとつの商品・サービスや客単価における「利益額」を計算することは、とても大切です。

□「お客様」の数は増えていますか？
新しいお客様は増えていますか？

人間は飽きる生き物です。あの手、この手で新しい商品を生み出す必要があります。

□「販路」は増えていますか？

ひとつやふたつだけの販売チャネル（販路）だけに頼りきっていませんか？

□ 自分らしい「営業方法」は見つかりましたか？

「あなたらしい営業方法」をご存じですか？　最適な方法が見つかりましたか？

□「お金」面は管理できていますか？

苦手な人が多い「お金」の管理。経営者のお仕事として、財務面もしっかり考えましょう。

□（法人でない場合）「個人事業主」としての
届け出はできていますか？

きちんと必要な届け出はできていますか？　この本には、起業の状況に合わせた届け出の方法も書かれていますので、チェックしてみてくださいね。

□ 家族や大切な人のことは見られていますか？

女性が仕事をがんばる場合、親や兄弟、家族、大切な友人が精神的に支えてくれるケースが多いようです。そんな大切な相手は、今、どのような状態でしょうか？

□ あなたのカラダは、健康ですか？

事業に集中するあまり、自分のカラダをしっかり管理できていないという女性は案外多いのです。ひとり起業家は、カラダが資本！　カラダのチェックもお忘れなく。

ご自身の状態はいかがでしょうか。「おやっ?」と思う項目が見つかればラッキー。それをよい方向に改善していくことで、経営者としてのあなたのハッピーが増えていきます。

2-02

女性の成功のカタチは、無限大☆

どこへ行くにも白馬の王子様に連れていってもらう物語は、今は昔。これからは自分も馬に乗って、草原を王子様と一緒に闊歩する。女性らしいスカートと活動的なパンツが一体になったガウチョパンツが進化し続けるように、女性性と男性性の両方を活かす時代となりました。

この本を手に取ってくださったあなたは、すでに起業して経営者として日々を送っている、またはこれから起業家になることを目指されていることでしょう。あなたは、どのような起業家になりたいですか?

- 24時間、お仕事に邁進。お仕事の勝負服は、華やかなドレスワンピース。自分の力を信じて事業をでっかく広げたい!
- 家庭と仕事を両立しながら、お仕事で「自分らしい夢」を目指して自己実現する!
- 週末に、これまでの経験を活かしたビジネスを展開し、楽しさを大切にするゆるゆる起業家！

あなたの夢はすべて正しい！　と思います。起業家の皆さんとお話しさせていただくと、それぞれ人生で目指す方向も違うし、どんな状態が「成功」と言えるのか、まったく異なることに気づきます。前作『マイペースで働く！　女子のひとり起業』にも書きましたが、成功の定義、いわゆる「お金」「時間」「自分らしさ」「家族との関わり」「名誉、名声」、どれを一番望むのかはそれぞれ。また女性の場合、人生のタイミングで大きく、時には180度、変化していきます。

あなたの幸せは、あなたしか想い描けない「自分の人生」。年々、70〜80代まで働く女性が増えていますが、そんな働く先輩方を見ていると、仕事は生活の糧だけでなく「生き甲斐」そのものだと感じます。

自分だけの「なりたい姿」を明確にイメージしましょう。人間は、「自分がイメージした姿」そのものになります。

いまの時間は、誰のものでもなく、「あなた自身の人生」。経営する事業を通して、あなたらしい人生を創り上げていこうではありませんか！

2-03

起業して将来が不安なあなたへ

起業すると、いきなり、「経営者」になります。たった、ひとりで起業する、ひとり起業でも、自分の事業の「経営者」になることに、違いはありません。そして経営者になると、誰でも「これで大丈夫だろうか?」と不安になる時があります。

経営者になってから「不安になる」こと自体は、至って普通のこと。起業するまで、どれほど、すごい経歴や実績があった人でも、経営者になると、世界がまったく変わるので、不安になることが増えます。「不安になる」ことは、経営者としての劣等生ではありません。ご安心ください! 僭越ですが、私も創業から15年間、たくさんの山がありました。

「悩みなんてないのでしょう?」と言われますが、経営者になると毎日が小さな挑戦の連続だと感じます。

不安になる理由とは?

「不安になる」には理由がありますが、経営的な問題、人的な問題であれば、課題として、きちんと向き合い、解決していけば大丈夫です。

雨の日も、風の日も、あります。起業家だって、経営者だって、人間だもの。

この本をじっくり読みながら、起業家の誰もが経験する壁を知っていただければ幸いです。この壁を「どのように乗り越えるか？」で未来が決まるのだと思います。しっかり前を向いて行きましょう！

2-04

「細く、長く」商売を続けられる経営者の6つの特徴

経営者として自分らしく、そして長く事業を続けたい、というのは誰しもの願い。「太く、長く」事業を続けたいところですが、女性の場合はライフスタイルの変化もあるので、「細く、長く」という考え方もいいのではないでしょうか。それは細々という意味でなく、「できる範囲を一生懸命に」取り組む経営スタイルです。

一番のポイントは、経営者自身の「軸＝こだわり」と「変わっていくこと」をバランスよく調整すること。長く続く事業には、決して細かい部分に怠惰にならない「こだわり」という名の情熱があります。しかし人間（お客様）は変わっていくので、その情熱をお客様の変化に合わせて微調整しなければなりません。「軸」はブレず、「時代の変化」を取り入れ、まるで昆虫が脱皮を繰り返すように「新しい形」になっていく経営者。

では、どのような経営者であれば、「細く、長く」事業が続けられるのでしょうか。経営者の方々に接してみて感じる、6つの特徴を書きたいと思います。

長く経営できる人の特徴

① **時代に合わせ、「変化」し続けられる。
ライフサイクルに応じて、拡大、縮小できる人**

細くとも、時代の変化に対応しなければ生き続けることはできません。「変化」を恐れないこと。第一線の現場で働き続ける80歳の方は、心が30～40代のまま。また女性のライフサイクルには大きな波があります。当然、事業運営もそれに大きな影響を受けるので、風に吹かれる柳のように、しなやかに対応していくことが大切。

② **「事業転換」を決断できる人**

「今やっている事業」にこだわりすぎると、身動きが取れなくなります。個人事業主であれ、会社であれ、「長く生き延びる」ことが重要なのです。「必要とあれば、いつでも業態転換しよう」と柔軟に考えられる人。

③ **「新しさ」を生み出し続ける人**

昔からあるパン屋でも、流行り続ける店は、新商品を生み出し続けています。「新しいもの」は、価格競争に負けません。顧客の変化に合わせて、味やサイズを変えられる柔軟性。

④ **「日常」に溶け込んでいる場合や
「地域」か「興味、関心」に根差している人**

小さな店の場合、地域に根差すと長続きしますね（ただ、地域そのものが発展しないと、じり貧になりますが）。または、自分自身の「興味、関心」が先立つ場合、長く続ける気力につながります。また、お客様の「日常」に溶け込むと、お客様と一緒に年を重ねながら経営が長続きします。たとえば、固定客ができる「美容院」、「パン屋」「食事処」、「総菜屋（例：コロッケ屋）」等。「個人病院」も同じ原理ですね。

⑤ **「人」の才能・能力・特性とコラボレートできる人**

自分ひとりの能力には限界があります。長く続く企業の経営者は、常に企業を繁栄させてくれる「誰か」を探し、「才能」を発掘し続けています。その「才能」「能力」「特性」とコラボレーションし続けています。事業にそんな「才能」「能力」が多く関わるほど、事業が繁栄しています。

⑥ **ポジティブ思考の人**

失敗やよくないことが起こった時に「次につながるチャンス」と捉えられるかどうか。成功する人は、失敗から多くを学んでいます。

2-05

女性が経営するコツは、「ゆるゆる」と「がっちり」時間のギアチェンジ

女性は両立生活がはじまると、いつも同じペースで働くことが難しくなります。私の祖母も母も働きながら子育てをしたので、私自身が「一生働こう」と思ったことは自然だったかもしれません。そこで一生がっちり働く気でいましたが、両立生活をはじめて周囲の女性達を見渡してみると、働く時間が短くなる時期があるのだと実感しています。

女性が起業して経営者として生きていくなら、「ゆるゆる」となる時期を自分自身に許すことが大切です。女性の働く人生は、「ゆるゆる」と「がっちり」の繰り返し。働くことを休む時期もある、それでいいのです。数年間休んだ後で、再スタートする女性は多くいますよね。

そこで起業家として、時期別の働き方を考えてみましょう（このページでは、育児や介護とお仕事の両方に従事することを「両立生活」とします）。

途中で、事業内容をチェンジしたり、事業を数ヶ月休んだり、自分の体調の関係で働き

女性のお仕事は、ギアチェンジの繰り返し！

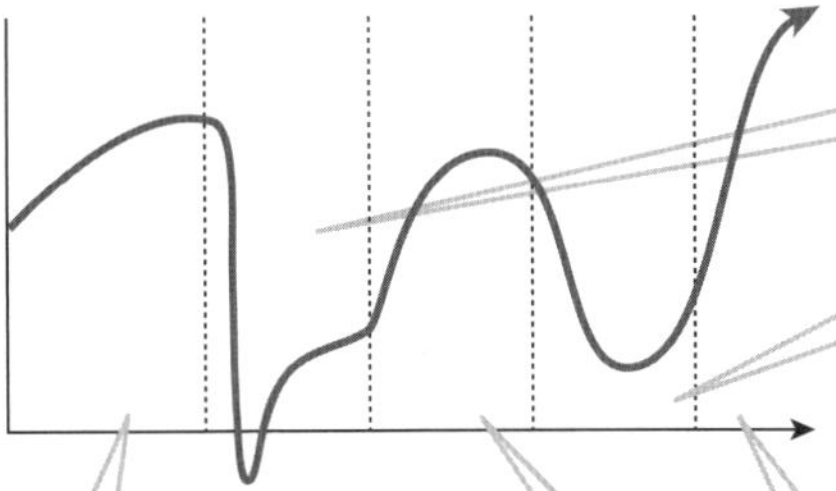

両立生活の真っ直中：「ゆるゆる」期
「子育てに手がかかる最初の5年間」は、仕事は若干「ゆるゆる」続けることに。年々、両立の技やペースができて、ラクになっていく

両立生活をはじめる前：「がっちり」期
24時間を自分のことだけに使える時期。お仕事に邁進する。カッチリした洋服でも疲れない、お仕事導入期。ここで起業の準備ができると、30代を走れる

両立生活に慣れて7～8年経った頃：「スピードアップ」期
介護も子育ても、学校や施設といったシステマティックな仕組みと協力体制ができ、自分自身も生活ペースに慣れてくると、余裕が出てくる。自然と仕事のペースを少しずつ上げて、スピードアップできる

アップダウンを繰り返すのが当たり前！

方が「ゆるゆる」になる時期もあるでしょう。

　女性経営者の多くが、「ゆるゆる」と「がっちり」を繰り返しながら働いています。「ゆるゆる」の間は、数年後の「がっちり」期を見据えながら勉強を積み重ね、「こんなことをしよう」と夢を膨らませましょう。この「準備」があると、動けるようになった時にスムーズに事が運びます。夢を「イメージする力」が強い起業家は、とても強いのです。

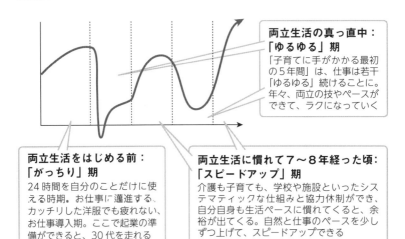

2-06

ロールモデル探しは「パッチワーク」で

少女の頃に憧れたアイドルスターのように、「目標になる、素敵な女性」を探してはファッション誌を眺めることってありませんか？　素敵なモデルさんを見ては、「こんな風になりたい」と洋服や持ち物を観察するのは、女性の特性でしょう（だから、女性誌は数限りないほど種類があります）。そして、たくさん素敵な人を見つけるたびに、「足の長さが違う」「欧米人とのハーフは鼻が高かった」と落胆。実は、このような状態は「キャリア探しでも同じです。仕事上で憧れの先輩を見つけては、「これは同じ」で「あれが違う」。

そう、女性は生きていく方向性の選択肢が多いので、完璧なロールモデルを見つけられないのです。私自身、仕事と子育てをなんとか両立させていますが、簡単でない場面も多い現状。そんな私の心がスッキリした言葉があります。

仕事と家庭、完璧にこなしている人はいない

ハーバード大卒でゴールドマンサックス証券のマネージング・ディレクターであるキャッシー松井さん（2児の母）が講演会でおっしゃった言葉。

「成功している女性で、仕事と家庭での役割を完璧にこなしている人は見たことがない」。

松井さんのお母さんは、アメリカで4人の子どもを育てながら農園を自分達の手で切り盛りされました。それに比べれば、松井さんの激務も大変とは言えないそうです。私見ですが、これはアメリカらしい考え方。日本で起こっている「大和なでしこよ、何でもこなせますよね？　女性は、仕事も家庭でもがんばってね」という刷り込みとは違う。やっぱり無理なんですよ、女性も自分らしく生きていかなければなりません！

なんでも100％デキるのは、映画のスーパーマンだけ。理想通り100％の生き方をしている人はそう多くないのかもしれません。それなら、己の理想を明確にして、憧れの人からエッセンスを学んで、パッチワークのように自分らしい人生を創るしかない。

経営スタイルも同じで、「社長としての自分に合った経営方法」は自分で探していくしかないのです。素晴らしい先輩経営者の真似をすると、自分に合う部分はうまくいき、相性が合わないやり方だと前に進まない。努力の結果というより、経営者自身が生まれつき持つ資質や性格による部分が大きいでしょう。だから「素敵だ」と思うやり方を探してそれらを足し算し、自分なりの経営スタイル、人生スタイルを創っていくことになるのです。

2-07

女性ならではの「ターニングポイント」に揺らがない！

女性には、人生すべてを変えてしまうほどのターニングポイントがあります。18歳頃の「進学や就職」、「婦人病」、「結婚」、「出産」、中年期の「体力の衰え」、「親と一緒に過ごす介護」。ターニングポイントで何を選ぶかによって、人生ってガラリと変わってしまうものですね。

「自分」を大切にするために、進む道をつくっていく

あくまで私の考えですが、どんなターニングポイントを迎えても、人生の中心に「どのようにお仕事を続けていくか」を据えておくのがいいと思います。女性特有のターニングポイントでは、想像をはるかに上回るくらい「1日24時間のあり方」がすべて変わってしまいます。女性は、そのターニングポイントを見据え、自分に合うお仕事を探し、その道をつくっていくことが何より大切です。

先日ファミレスで、隣の席にいた28歳くらいの女性6人グループの話が聞こえてきました。そのうち2名が「フルタイム勤務だけど、結婚してくれない彼氏と同棲中。19時に帰宅してから夕食をつくり、そして片付けや彼氏の洗濯まで家事全般を担い、ベッドに入るのは真夜中で、毎日ヘトヘト」と嘆いていました。なんと！ 結婚するつもりがない彼氏のために自分の時間をつぎ込むなんてもってのほか！ でも、そんな風に自分のことを横に置き、誰かのために生きている女性は結構多いですよね。はっきり言いましょう。28歳で結婚してくれない男性に業を煮やすより、お仕事をがんばって実力をつけるほうが、将来ずっと身になります。介護を担う場合も似ていて、「親の傍にいてあげることができた」と満足するのと同じくらい、「仕事を辞めるんじゃなかった」と振り返って後悔される方が多くいらっしゃるそうです。

「結婚したら、仕事を辞めよう」「介護がはじまったから仕事を辞めよう」はキケンです。実は、結婚、出産、介護で「仕事を辞めようか」と悩むのはたぶん最初の2年間くらい。1年半くらい、地を這うような思いでがんばれば、その中で何らかの「両立できそうな兆し」が見えてきます。もちろん、最初は「両立なんかできない！」と感じるでしょうが、しがみついて！ 細くても、自分らしい分野を探してお仕事を続けたほうが、将来の道が開けると思います。

Column

成功した起業家たちの「時間とともに結果はついてくる」

男女問わず、たくさんの起業家さんにお会いしています。華々しく活躍する起業家の裏には、望んだ道をつかみとるための強い信念と積み重ねてきた苦行があります。

そういえば、起業家のまわりには「反対票」を投じる人の多いこと！　特に、起業当初は「うまくいくはずがないから、やめておけ」という忠告の嵐でしょう。それでも、たとえ光が見えなくても、「3年間は、ほとんど結果が出なくても耐えた」という起業家さんが複数いらっしゃり、「目新しいビジネスでも、時間を経るうちに結果はついてくる」と。特に新しい事業の場合、先駆者がいないので商品・サービスを認知してもらうまでに時間がかかります。

３年間耐えた後にビジネスに成功の兆しが見えはじめ、急成長した会社がたくさんあります。

Part 3

よくある、
経営者の頭が痛い「課題」

3-01

課題❶ 新規のお客様をゲットしていない！

売上が減ってきてはじめて気づくのが、「新規のお客様が増えていない！」ということ！　売上が伸びている時、新規のお客様の数をしっかり把握していない企業は多いものです。社長が営業畑出身だと、顧客の属性管理をしっかり行なうことも多いものですが、それ以外、特に経営者が技術屋やサービス業出身の場合、「どんな人がお客様か？」という分析はほとんどの場合、行なわれていません。

新しいお客様を探すことって、大変ですよね？　漁師さんが海に網を張って長い時間待つように、非常に努力と根気のいる作業です。だから、売上が安定してくると、安心して新しいお客様探しを怠ってしまう経営者が多いのです。

新規開拓をやめても、最初の３ヶ月は売上が減らない

新規顧客を開拓する努力を止めてしまっても、最初の3ヶ月くらいは既存のお客様の売

上が安定したまま影響がないでしょう。売上が減らなければ、経営者自身もその切実な事態に気づきません。しかし新しいお客様をゲットする「種植え」をしていない影響は、3ヶ月後くらいに表われ、それからジリ貧になっていきます。その時点で気づいても遅いですね。また種植えをして芽が出るまでに時間がかかります。

そこで、新しいお客様をゲットするための「種植え」をしましょう。

今月の新規顧客は何人でしょうか？

新しいお客様の数を書き出してみましょう。そのお客様は、どのような経緯でゲットできましたか？ その「お客様をゲットする活動」は、今も継続してできていますか？ その活動自体は利益も出ないし、場合によってはカッコよくない、地道なことだと思います。しかし、それが3ヶ月後の売上をつくるのです。

潜在顧客は「いつか購入したい」と思っています

あなたにも、「いつか買いたい」と思いながら、通り過ぎているお店がありませんか？ 店に来るということは、商品に興味津々なのです。〝買わないお客様〟だからと言って、セールス活動を諦めてはいけません。「数ヶ月後」に買ってくれるかもしれませんよ。

3-02

課題❷ あなたの「マインド」がお疲れ気味！

女性は、感情の生き物です。女性ホルモンの関係もあり、1ヶ月の中でも、感情がぶるんぶるんと揺れていることでしょう、私もそうです。でも、誰かと楽しくお話しするだけならいいのですが、「お仕事」となると、毎日右へ左へと揺れている訳にはいきません。

事業がうまく進まない時、実は、あなたの「感情＝マインド」がお疲れ気味です。あなたの頭の中に「これをしたら売上が上がる」というアイデアがあり、「あれも」「これも」しなければと思っているのに、何も進まないとしたら、それは、プライベートで悩みごとを抱えているか、そもそも身体が疲れ切っています。まず、ゆっくり休みましょう。

たっぷり睡眠、小旅行、人に話す……

心と身体はつながっていると言います。つまり心が弱っている時は、身体が疲れ切っています。起業すると、責任感も重いし、実務も増えていくので、睡眠時間が削られることもしばしば。マインドが疲れているなと感じたら、たっぷり睡眠を取りましょう。あるいは、3日間くらい休んで短期で海外旅行に出掛けてみるのはいかがでしょうか。しかし、事業を運営していると3日も丸々休むなんて、なかなか難しいかもしれません。それなら、特急列車で1時間かけて温泉に行って1泊するのはいかがでしょう。いつもの「場所」から離れると、気持ちもリフレッシュします。「なんとちっぽけな悩みを抱えていたのだろう」と気持ちの切り替えができるかもしれませんし、きれいな景色を探索しながらのウォーキングで肩こりが解消されるかもしれません。

また、女性の精神を活性化させるには、「話す」ことが一番。「愚痴」という言葉がありますが、女性は悩みごとや困ったことを他人に話すことが、一番ストレス解消になるそうです。悩みを脳や体内から吐き出すことが、大切。愚痴として「話す」だけでストレス解消になるのは、女性特有のものです。経営に関する悩みは、同じような立場、もしくは先輩の経営者に話してみましょう。または、経営に関する専門家に話すのもいい方法です。話すことで、相手から有効なアドバイスをもらえる可能性が高いし、ご自分でも新しい気づきがあることでしょう。

身体が元気になって、「マインド」も明るくなれば、事業も自然といい方向に向かっていきます。これは、男性経営者でも同じです。

3-03

課題❸「売上が頭打ち！」というジレンマと6つの質問

起業すると毎日、ついて回るのが「売上高」です。結局、売上高に翻弄されることになりますね。

さて、起業して数年経った、あなたの売上高は伸びているでしょうか？　それとも頭打ちになっているでしょうか？

もしあなたが売上の鈍化に悩んでいるとしたら、次のような6つの質問で「売上高が低い理由」について考えてみましょう。経営者は誰でも、「業績がよかった時期」の記憶を胸に抱き、「現状」にシビアな目を向けることに勇気がいるものです。時代の変化、経営者の意識の劣化、細部への注意欠如等、さまざまな「見落とし」や「気づかない穴」が生じてきます。あなたの事業の「現状」はいかがですか？　この6つに当てはまる課題があれば、その点を改善していくことで、売上高アップにつながります。この本の随所でヒントを見つけてくださいね。

あなたの「売上」を伸ばすための６つの質問

質問 1 １日あたりの売上高はいくらですか？

あなたの月商は「１日あたりの売上高× 20 日」です。これがあなたの希望額より低いなら、選んだ商品・サービス自体に問題があります。事業分野や商品、サービスメニューの見直しが必要でしょう。

質問 2 ひとつの事業に絞っていませんか？

あなたが、ひとり起業家や小規模事業者であっても、中小企業の社長さんであっても、事業を「ひとつだけ」に絞っていると、売上はジリ貧になる可能性が高い。３つくらいの事業分野をつくってみましょう。

質問 3 お客様は、何人ですか？

実は、社長さんに「お客様は、何人ですか？」という質問を投げかけると、明確に答えられない場合も多いのです。顧客数が見えなければ、売上を伸ばしていく施策も見えてきません。いますぐあなたの顧客リストを開いて、顧客数を数えましょう。

質問 4 商品・サービスの「客単価」が低くないですか？

客単価とは、「お客様が一度に購入してくださる商品・サービスの総額」です。客単価は、平均していくらぐらいですか？　最高額はいくらですか？　または、一番少ない場合はいくらですか？　それは少額すぎませんか？

質問 5 販売方法は直接売るだけ、または、ネットだけになっていませんか？

お客様を待って、店舗で直接売るだけのスタイルだと、雨の日には売上が激減してしまいます（傘屋さん以外！）。また、ネット販売だけでなく、直接お客様に会って販売する機会をつくるとファン客が増えるので、売上も上がります。

質問 6 「伸びしろ分野」を放置したままになっていませんか？

現在のところは少額でも、「これから伸びていく分野」をどんな会社も持っています。よくあるケースは、「今、大した売上金額ではないから」という理由で放置しているケース。これはもったいない！　放置しないで、大きく開花させましょう。

3-04

課題❹ 忙し過ぎて「本業」に時間を割けない

売上高が低迷する理由に、「経営者が、経営者のするべき仕事ができていない」という事態があります。実は、本業以外のことに時間を取られ過ぎている社長さんはとても多いのです。

経営者のあなたは、左のような「社長の仕事」に集中できていますか？　「毎日忙しい、忙しい」と言いながら、次のような作業に追われていませんか？

- 頻繁に電話がかかってくるので、いつも携帯電話が手放せない。その受電の半分は知らない会社からの営業トーク。残りの半分は仕事関係者からだが、「今聞かなくてもいい」と思われる確認の電話ばかり。電話で話す時間は長く、仕事をしている気分になるが、実は机に向かう作業が中断されるばかりで、重要な案件はまったく進んでいない……
- 商談ミーティングに多く呼ばれるが、そのほとんどは相手からの売り込みばかり……

経営者が本来するべき仕事

- 売上を伸ばす方法（いわゆる、経営戦略）を考えること
- 売上が伸びる「仕組み」をつくり上げること
- 重要な「営業」の仕組みをつくること
- （小規模企業の場合）新しい販路をつくること。社長みずから営業すること
- 財務面をよく見て管理すること。「キャッシュ（現金）は毎月どのように回っているか」「仕入れや経費はかかりすぎていないか」等をじっくり考える
- 資金繰り
- 有能なスタッフ探し（人事面接を含む）
- 従業員のモチベーション（やる気）を上げ、しっかり働くよう仕向けること

……など

- 不平不満ばかり言うスタッフがいて、3日に1回は苦情を聴いている。そのほとんどは売上を伸ばすことには無関係で、社長のあなたは毎日イライラしている。イライラし過ぎて、新しい発想が生まれない！
- アルバイトがミスを連発するせいで、お客様からクレームが来て、その対応に追われている……

これらの状況に陥っているなら、今すぐに、あなたの「忙しさ」の見直しが必要！　あなたが経営者として本来するべき仕事に集中できる体制を整える必要があるのです。

3-05

課題❺ 今やっている事業を「手放す」ことができない

事業には、栄枯盛衰のサイクルがあり、その回転サイクルはどんどん速くなっています。昔は、各地域に根差した地方企業がありましたが、インターネットの発展によって世界各地まで細かな情報が行き渡り、垣根がなくなりました。「この商品なら、この業界」というかつての常識は、「どこでも買える」に変わったのです。皆さんが日頃買い物に行く量販店には、ネットで話題のスイーツから家電まで、何でも並んでいることでしょう。

事業の栄枯盛衰のスピードが速いということは、陳腐化したビジネスから「撤退」する時期も早くなるということ。多くの経営者はこの「手放し」ができずに、会社の業績を悪化させています。なぜなら、「手放す」には、周りの人や社内からの大きな反感を買うでしょうし、経営者自身がはじめたビジネスなら名残惜しさがあります。また、撤退を「世間的に恥ずかしい」と思うことすらあるかもしれません。しかし賢明な社長さんは、この「手放し」を最適なタイミングで行なうことができるのです。

事業を「手放す」タイミングとは？

一生懸命つくり上げた事業を「手放す」のは辛いものですが、次のような兆候が出てきたら、「撤退」を考えはじめる時期です。

- □ 営業をしても、毎年お客様が減少している
- □ お客様は努力によって増やすことができるが、集客にかかる費用が増え過ぎて、利益が減ってきた
- □ 競合他社が増え、商品・サービスの「デフレ（低価格化）」がはじまった
- □ 事業を１年間やってみたが、これ以上、売上が伸びる兆しを感じない
- □ 借入金が、年商（１年間の売上）の50%を超えそうだ

「手放し」をする方法

- □ 他社に、事業を譲渡する（売る）
- □ 売上と利益が増えていく事業を確保し、一部の事業だけ手放す

手塩にかけたビジネスを手放すのは、寂しいし、屈辱感すらあるかもしれません。しかし財務状態が健全化されることで、次第に平穏な日々が訪れます。「手間がかかるけれど、儲からないし、他事業とのシナジー（相乗効果）もない」事業を手放すことで、あなたの物理的な時間の余裕が生まれ、財務状態も改善されます。また、あなたにとっては利益が出ないビジネスであっても、それを欲しがっている企業があるかもしれません。顧客リストを含め、ビジネスごと売ることもできます。時には、思い切った「撤退」も有効なのです。

3-06

課題❻ 目指すライフスタイルとズレがある

もしあなたが、「思うような暮らしができていない」と思っているとしたら、あなたの目指すライフスタイルに、事業内容を合わせていきましょう。「自分が望むライフスタイルに合うお仕事を創ること」をおススメします。ビジネスはお客様のためにあるものですが、同時に経営している側もハッピーになったほうが長続きしますし、よいサービスを提供できると思います。

「暮らし」と「仕事」は、切っても切り離せません。たとえば昔ながらの職業である農家は、自宅近くの畑で農作業をしながら、暮らしています。農業でなくとも、インターネットの発展によって「どこでも仕事ができる」環境が整いつつあるので、職住近接が可能です。また夢を実現することを人生の中心に据え、自分のもっている技術や経験を売って生きていく場合もあるでしょう。仕事選びによって、自分らしいライフスタイルを実現する人が増えています。さて、あなたが望むライフスタイルはどのようなものですか？

ライフスタイルに合わせて起業した例

「海とサーフィンが好きなので、毎日海辺に出られる場所に住みたい。仕事の合間に、サーフィンがしたい」

都心との交通アクセスのよい海沿いの街で、ウェブデザイン会社をはじめた（正確にはそのような夢を持って、「どこでもできる仕事」で起業することにし、得意なデザイン会社を設立。その後、海の街に引っ越した）

「横浜で働いていたが、生まれ育った田舎に帰りたくなった」

横浜で経験があったライターの仕事で独立することを決意。転居前に横浜近辺で多く営業をかけ、得意先を確保しておいた。今では生まれ故郷で暮らしながら、横浜の得意先からも仕事を受注している。

「子どもが生まれ、子育てに多くの時間を割きたいと思うようになった」

将来子どもが小学生になった時、「ただいま」「おかえり」と言えるように、自宅でパン屋をはじめた。

「ダンスで世界一を目指したい。ダンス人生を貫きたい」

ダンスの練習をしながら、大人・子ども向けにダンス教室を開講。

「出産後、就職先を探したけれど見つからなかったので、ウェブショップを運営して収入を得ることにした」

以前、会社でウェブマーケティングを担当したことがあり、その知識が活きている。

「2人の子どもを養うシングルマザーなので、主婦の役割もお金を稼ぐことも同時にしたい」

マッサージ店で働いていた技術を活かし、自宅でマッサージサロンを開業した。

3-07

課題7 雇ったアルバイトさんが思ったように働いてくれない

「雇ったあの人が、思うように働いてくれない！」。多くの経営者が抱える悩みです。経営者としては、「お給料を払っているのだから、その分しっかり働いてほしい」と心底悩んでしまいます。「他人を動かす」ことはとても難しく、経営手法や戦略とはまったく別の次元。優れた経営者でも、「人の問題」では常に頭を悩ませるものです。

と言っても、「雇った人が思うように働いてくれない」には、実は雇う側にも大きな原因があります。担当する仕事に対する適性がある、やる気のある人を選ばなければ、事業はうまく運ばないのです。

ひとり起業家の場合、短期間だけのアルバイト等、時間をかけてじっくりスタッフを育てられないのも実情。理想は「気心知れた、私のことをわかってくれる人」ですが、「最近出会ったばかり」で雇ったスタッフにも、うまく動いてもらえる方法を挙げてみましょう。

雇ったスタッフにうまく動いてもらう方法

他人は思うように動いてくれないから、「TO DO リスト」を渡す

ひとり起業家や小規模な会社の場合、「今日１日だけ」「１週間だけ」アルバイトを雇うことがあるでしょう。この場合は、相手の気遣いや機転が利くことを当てにしないようにしましょう。ついつい「もっと気を回してほしい」と思ってしまいがちですが、相手には、仕事に対して、あなたほどの思い入れはまったくありません（と心得たほうがよい）。

そこで、雇った人がほとんど何も考えなくても仕事が進むように、１日のTO DO リスト（行動することすべてを書いた紙）を渡しましょう。私は、知人の紹介で当日顔を合わせたばかりの大学生に「ひとり起業塾」のセミナー運営を手伝ってもらったことが何度かありますが、このTO DO リストで万事うまくいきました。

「作業内容に適性のある人に頼む」という鉄則

人にはそれぞれ得意、不得意があります。クライアント企業様で経営コンサルティングをさせていただく際も、「作業内容に合う人を選ぶこと」をおススメしています。その仕事に適性がある人が担当すると、想像以上の150％の成果が出ますし、適性がない人を選んでしまうと20％すら進まないことが多々あります。経営者は「人の選び方」に相当、頭を使わなければなりません。本書に"人の特性"の話がよく出てくるのはこのためです。

短期アルバイトなら、信頼のおける人の「紹介」もいい

正直なところ、「この人を雇ってほしい」と先方から頼まれるより、こちらから「こんな人はいませんか」と信頼できる人に紹介を頼むほうが、適任者に巡り会えます。頼まれて"おつき合い"で雇った人に、その性格や適性もわからないまま「この仕事をやってください」とお願いしても、予想以上の成果を上げるケースは少ないでしょう。それよりも、目利きの人に欲しい人材のスキルや性格を伝え、「この人なら大丈夫」と紹介してもらったほうが、一定の成果を上げる可能性が高いのです。

3-08

課題❽ 「あなた自身」と「商品」が知られていない

売上高が伸びない場合、「そもそも潜在顧客にあなたや商品の情報が伝わっていない」という仮説が考えられます。ビジネスを必死でやっている最中は、それに気づかないことがあるんです。

ひとり起業家は、自分自身が「広報部」

売上高が伸びている起業家さんは、「起業家さんご自身」または「商品（およびサービス）」をPRする手間を惜しみません。PRとは、企業の広報活動です。大手企業なら有名な雑誌、ウェブサイトに広告を出すことができますが、ひとり起業家はお金のかからない方法でPRする必要があります。

そこで、どんな方面からでもいいので、潜在顧客の方々に関心を持ってもらう必要があるのです。

ひとり起業家のＰＲ方法

STEP 1 キャッチーな職業名＝「肩書き」がついていますか？

まず、「肩書き」がみんなの中に埋もれていませんか？　あなた自身や御社の商品・サービスは、潜在顧客のいるマーケットの中で、どのように認知されているでしょうか？　「一番オシャレな店」「新進気鋭のチャレンジし続ける人」「○○の第一人者」「今まで見たことないユニークな店」……でしょうか？　アイドル歌手が売り出しの時期に「○億円の瞳」とか「□□の女王」とか冠名をつける場合がありますが、起業家も「行列のたえない」「○○なら地域ナンバーワン」と、印象づけていますね。私自身もセミナーや経営コンサルティングの現場でキャッチーな言葉を提案させていただく場面が多いのですが、その名前が潜在顧客の印象に残るものだと、商品・サービスがヒットしたり、起業家さんも有名になったりされています。

STEP 2 「ネット上」でうまく説明する

インターネットが発展する前は、「どんどん人の前に行って、大げさにアピールする」必要がありましたが、ネット時代には必要な情報をネット上にうまく乗せていれば、お客様が自分で「探して」訪ねてくれる時代になりました。ネット上では無料でアピールできる場面が多くあります。フェイスブック、Twitter 等の SNS で自分の想いを綴れば、多くの共感者とつながることができるでしょう。またブログで商品を開発した経緯を、履歴として残すことができます。何年経っても、新しいお客様には有用な情報源となることでしょう。潜在顧客に見つけてもらえるよう、情報を“ウロチョロ”させましょう。雑誌やウェブサイト、テレビの担当者さんが出演者を探す際、SNS やブログを検索する、というのもよく聞く話です。

3-09

課題❾ 忙しい時期・暇な時期……仕事量に波がある

占いではありませんが、人生には運気のよい時期と、「静かに、ゆっくり」過ごす時期があると感じます。この「静か（やや閑散期）」と「超忙しい（繁忙期）」は交互に訪れますね。だから、静かな「やや仕事が少ない時期」の過ごし方って、すごく大切だと思っています。

業種によって、仕事が少ない時期には違いがありますが、真夏で1年の真ん中に位置する「8月」、真冬で何かが動き出す前の「2月」あたり、という方が多いのではないでしょうか。街中の飲食店やカフェでも、人通りが少なくなる時期でしょう。逆に、仕事も学業もスタートする4月、年末を前にした10、11月あたりが繁忙期という方も多いでしょう。

仕事が少ないシーズンは、大切な準備期間

さて、仕事が少ないシーズンになると、大抵の場合は、「売上が少ない」と毎日嘆くば

仕事が少ないシーズンに経営者がすべきこと

①「経理処理」をまとめてする

決算期や確定申告時期に焦って行ないがちな経理処理。静かな時期に落ち着いて、事務作業をまとめてやってしまいましょう。

②新しい「種植え」＝「営業活動」を行なう

営業活動は、種植えと同じですぐに結果が出るものではありません。ご無沙汰している過去の顧客リストを開いて、挨拶回りをしましょう。また、じっくりと新規開拓をするにはよい時期です。

③「スキルアップ」で力をつける

忙しい時期にはなかなか勉強できない分野もあります。短期間で多くのことを吸収するにはもってこい！　の時期としてスキルアップに活用しましょう。

④両立生活では、「もう一方」に時間をかける

両立のひとつである「お仕事」が静かな時期には、じっくり「もう一方」に時間を注ぎ込みましょう。介護中であれば介護に、子育て中であれば子どもとの思い出づくりに、資格の勉強中であれば猛勉強に、時間をかけられます。仕事が忙しくなれば、またその時間数が減っていきますので。

かりで焦るものです。でも「好調期」に波に乗るための大切な準備期間でもあります。プロ野球で言えば、オフシーズン。この時期にみっちり身体の調整と練習ができるかどうか、次シーズンに活躍できるかどうかは、この準備段階で大体わかるそうですね。

「静か」な時期の後は、大きな転換期が来ます。新しいチャンスの波に乗れるよう、準備をする大事なシーズンなのです。

Column

「のびのび、楽しんでいる時」に売上が伸びる！

●女性が売上を伸ばすのは、どんな時？

女性が業績を伸ばす時は、歯を食いしばっている時か、それともニコニコとのびのび楽しんでいる時でしょうか。私が女性起業家の皆さんにお会いして実感するのは、売上を伸ばす時は決まって後者の状況です。その方々の周りには、自然と笑顔の人が集まり、明るい雰囲気があります。

逆に、「○○さんがちゃんとやってくれない」「○○さんのせいで……」と、経営者が何でも他人のせいにするようになったら要注意！経営コンサルティングの現場では、こんな場面が頻発し出すと、売上の伸び悩みが発生する予兆です。しかめっ面をしていると、運気も停滞する傾向があります。

人間は、安心感があってハッピーな時に「集中力」を発揮するそうです。事業以外のことが安定して回っていれば、仕事時間はじっくり目の前のことに集中することができますし、明るい展望を描けます。

のびのびと、楽しくハッピーに！

物事がうまく運ばなくなったら、鏡を見てみませんか。あなたはこの頃、どんな顔をしているでしょうか？

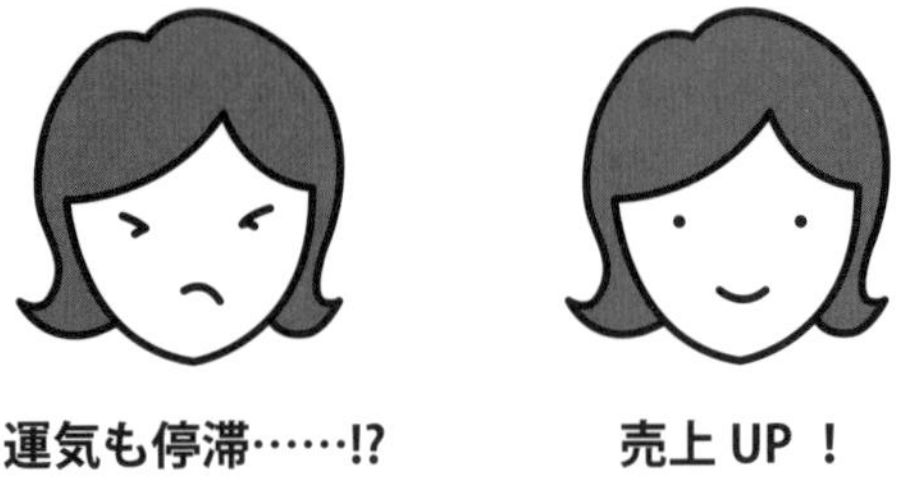

Part 4

ひとりでできる営業術

4-01

お客様が集まる、あなたに最適な営業スタイルは？

「営業」というと難しく聞こえますが、平たく言うと「お客様になりたい方を見つけ、その方が嬉しい方法で買っていただくこと」。営業には「あなたに合った方法」があり、そのパターンはひとつではありません。もし「なかなか売れない」と感じているなら、営業法を選び間違えているのかもしれません。

営業と言っても、要は「人とのつき合い方」なので、日頃の人間関係が大きく関係します。「人とのつき合い方」で、「新規獲得」または「同じお客様と深くじっくり」どちらの営業タイプが合っているかがわかりますよ。お友達の数は多いほうですか？　誰とでもすぐに仲よくなりますか？　それとも打ち解けるのに時間がかかりますか？　話をするのは得意ですか？　または、文章を書くことが苦になりませんか？

「肉食系の営業／草食系の営業」「対面でしゃべる／書いて伝える」の4つに、大きくタイプ分けできます。どのタイプに当てはまるか、考えてみてください。

タイプ別 最適な営業スタイル

向いている営業スタイル▶「攻め」。新規開拓、飛び込み営業。お客様の「数」で勝負できる
＜適性＞物怖じしない、新しい場所にどんどん飛び込んで話しかける。自分が場の中心になるタイプ

向いている営業スタイル▶「待ち」。需要のある見込み客や同じお客様と深くじっくりおつき合い。お客様とは「おつき合い年数」で勝負できる
＜適性＞相手の話をじっくり聴ける。人見知りの場合、逆にそれが信頼される

得意なコミュニケーション	肉食 or 草食	
	肉食	草食
直接会う（対面）	**超・新規開拓型** ・人の集まる場で顔を売る ・テレアポ・飛び込み	**カウンセリング型** ・同じお客様に何度も会う ・「相手の話」を聴き続ける
文章	**セールスメール セミナー型** ・押しの強いセールスメール ・メール営業とセミナーの組み合わせ	**情報（種）をまいて待つ型** ・メールマガジン ・ブログ ・フェイスブック

向いている営業スタイル▶お客様予備群に自分で会いに行く
＜適性＞初対面で好印象を与えやすいタイプ。外向的、話をすることが苦にならないタイプ。加えて、相手の話をじっくり聴けるカウンセラータイプなら、なおよし

向いている営業スタイル▶文章で、商品サービス等への想いを綴る。インターネット上であれば、多くの人に伝えることができる。またパンフレットに想いを綴り（うまい文章でなくともよい）、お客様に読んでもらう
＜適性＞飛び込み営業は苦手、というタイプは、逆に文章や写真が向いている可能性大

商品・サービスのよさを伝える方法として「対面で、自分でしゃべる」ことが得意な人と「メール等で文章に書く」ほうが効果を発揮する人がいます。両方できる人もいますが、トップ営業マンでもどちらか一方で勝負している人が多いでしょう。

4-02

売上を上げるには「動く」が一番！

「売上が低迷した！」と気づいたら、次のような行動をしてみましょう。

行動範囲、時間帯をいつもと変える

いつも同じ道を通って、店舗やオフィスまで通勤している経営者は要注意。または、机に向かって座ってばかりではありませんか？　その場合はきっと、経営者自身の「考え方」が凝り固まっています。いつもと違う場所に出掛けて行くと「あの店が流行っている理由はなんだろう？」という視点で、ビジネスのアイデアは生まれます。

「以前買ってくださったお客様」にダイレクトメールを送る

客単価が2万円以上の場合は、ダイレクトメール（葉書）を送るといいでしょう。新商品やバーゲンセールのお知らせ、割引クーポンをつけると来店につながりますね。それも今の時代は、定期的にメールを送ることで代替可能です。メールならビジネスだけでなく、あなたの近況（「○○に行ってきました」等）を書くこともできて、親近感アップ！　そのメールですぐに売上につながらなくてもガッカリせずに、「こういうお店があった」と思い出してもらうことからはじめましょう。

顔が売れる場所に「期間出展」する

どの業界にも「バイヤー（買付け担当者）」のような人がいて、「新しい商品（モノ、人、サービス）」を探しています。わかりやすく言うと、芸能界タレントのスカウトマンのような役割の人。たとえば、アクセサリー作家で「もっと販路を広げたい」と思っている人なら、バイヤーが歩いていそうなオシャレな街の手づくり市に参加してみる。そこでは大きな売上が望めなくても、どこかの雑誌からの取材や大きな雑貨店への出店依頼が来るかもしれませんよ。

売上が低迷する理由は、行動パターンを変えないから。売上を伸ばす経営者の好物は、「変化すること」。これまでの3ヶ月間とは違う「動き」で、売上を伸ばすよい「波」をつくりましょう。

4-03

「直接会いに行く」ことで新しい仕事が生まれる

恋人がすぐにできる人を観察していると、じーっと待っていないで、相手の半径3メートル以内に自分から寄っていきますね。最近も知人の20～30代の女性がこんな行動で、すぐに恋人同士になっていました。ビジネスの営業活動も同じなのだろうと思います。「誰か、自分の商品に目をつけてくれないかな」とじーっとパソコン画面を眺めていないで、「自分から売り込みに行く」。これが大事です。

特にいい方法は、やはり、パソコン画面で平面的なやり取りをするのではなく、「直接会いに」行くこと。「いま会いにいきます」という映画タイトルではありませんが、「会う」ことがビジネスの間を縮めるのです。

「直接、懐に飛び込む」のが王道

「直接会いに行く」には、2種類あります。特にひとり起業家の場合は、大きな信用も

コネクションもないことでしょう。ズバリですが「ホームページで会社の電話番号やメールアドレスを探して、電話（メール）をかける」。これをやっていない人は実は、多いものです。一度で会ってもらえなくても、諦めてはいけません。別ルートを探しましょう。

もう一種類は、「社長に直接、手紙を書く」。これで取引をはじめることができた起業家さんを何人も知っています。もちろん起業家本人や商品サービス自体に魅力があったわけですが、こんな風に「直接、懐に飛び込む」のが王道なのだと感じます。

さて、活躍している経営者さんほど、「直に会う」ことの大切さをよくご存じです。だから、疲れていても飲み会や食事会に顔を出して、相手の顔を見に行くのです。

忙しい時に目の前の仕事にこもっていませんか？
忙しい時ほど、新しい人に会いに行きましょう。

4-04

ひとりでできる「SNS集客術」

SNS（ネット上で、多くの人とつながりを持てるソーシャルネットワーク）は年々進化し、新しいものが出現し続けています。かつては「mixi（ミクシィ）」と「Facebook」にユーザーが集中していましたが、140字でも表現できる「Twitter」、登録メンバー内のメッセージ交換が楽しい「LINE」、写真がメインの「Instagram（インスタグラム）」、6秒動画の「Vine」、個人クリエイターが写真、イラスト、文章、映像を発表できる「note」等、数に限りがありません。今日も世界中のどこかで新しいSNSが開発されていることでしょう。

すべてのツールを活用したいところですが、ひとり起業家は1日24時間しか持ち合わせていません。最も適した「ひとつ」をメインに、2〜3種類のSNSを掛け持ちするのがよいのではないでしょうか。売上を限られた範囲でよしとするなら、ひとつのSNSを駆使するだけでもいいでしょう。左のような使い方をすると、効果が出やすくなります。

SNSは用途で使い分ける

「食べる、飲む」（飲食業）は「Twitter」

情報をストック型でなく、「“たった今”の情報」を発信するなら「Twitter」。「今日は、こんなメニューがおススメ。12時までに来店すると、コーヒー無料」等、タイムリーな情報で新規顧客の獲得も可能。

ファッション性の高いものは「Instagram」

写真（ビジュアル）で魅せるタイプ、ファッション性が高いものは、写真SNS「Instagram」が効きます。分野は、「洋服」「雑貨」「インテリア」等。ブランド名や商品カテゴリの「ハッシュタグ（#）」をつくり、イベントの開催等でお客様に直接触れる機会をつくり、SNSでの拡散をねらいましょう。

お教室なら、先生の魅力を語れる「ブログ」

お教室ビジネスは、「講師（先生）」の特徴を存分にアピールしなければなりません。「先生のこと」は、写真で眺めるだけはわからないし、短い文章だけではすべては伝わらない。そこで、写真も文章も載せられる「ブログ」がおススメ。「Facebook」よりも、記事をストックして項目別に分類できるので、読み手も過去まで遡って読むことができます。

趣味色が強いもの（雑貨、マニア系）は、嗜好を集められる「Facebook」や1日中つながった感覚の「Twitter」

“情報”を提供することに重きを置くなら、「Facebook」。また限られたファンとつながるなら、「Twitter」。よい情報だけでなく、真摯な意見を受け止めるコミュニケーションが信用性の鍵。

宣伝広告は「誰にでもウケるもの」でなく、実在する「あの人」に伝える感じで行なうと成功しやすい。SNSでも、「特定のあの人へのメッセージ」という感じで発信するといいでしょう。

4-05

限られたお客様でもやっていける収益モデルに変えよう！

「お客様を増やさなくっちゃ！」とがんばっていると、今来てくれているお客様のほうを向く時間が少なくなってしまいます。昔、いつも恋人と楽しく過ごしていた友人が言っていたのは、「全員にモテる必要なんてないの！　彼がいれば私はそれでシアワセ！」。なんだかわかる気がします。ひとり起業家も一緒で、ディズニーランドがいっぱいになるくらいのお客様が欲しい訳でなく、小さなお店が繁盛するくらいの限られたお客様をとても大切にしたいのです。案外、この事実に気づかない経営者は多いものです。「目の前にいるあの方」を大切にできればそれでいい。本来、それが小規模事業者の生き方ですね。「でも限られたお客様では、売上も限られてしまうでしょう？」ですって？　そのとおりですね。ビジネスモデルを考え直さないと、売上が限られてしまいますね。限られた少ないお客様でもやっていける収益モデルを考えましょう。

高付加価値がある商品・サービスですか？　５つのチェックリスト

- □ 競合他社より数年早く、新しい商品、面白いサービスを発表していますか？
- □ 扱っている商品・サービスは、他ではあまり見かけないものですか？
- □「あなた自身」の個性や技術、専門分野を活かしたサービス内容になっていますか？
- □ 商品を販売した後、「アフターサービス」を充実させていますか？
- □ 高付加価値を磨き、価格競争に関係なく、やや高価格な商品を扱えていますか？

◉丁寧なサービス、目配りで人気のカフェ

飲食店の淘汰が激しい地域で、路地裏なのにずっと生き残っているカフェがあります。料理が格別という訳でなく、価格も、激安でも高価過ぎもしない、その周辺ではごく普通。ところがいつ訪れても、座席の80%以上が埋まっています。先日、繁盛の秘訣に気がつきました。それは、店長さん（オーナー）の「目配り」。店長さんが、いつも奥から、レジの横から、すべてのお客さんをじっと見ているのです。そして、こちらが困った表情を浮かべると、すっと飛んできて、欲しいサービスをさりげなくしてくれるのです。社長さん自身が、カタトキも気を抜かずに、顧客満足度を測っている。だから、その店はオシャレな常連さんでいつも一杯になっています。

ポイントは「高付加価値」

経営者の皆さんなら、もう「高い付加価値」という言葉を聞き飽きてしまっているかもしれません。でもやはり、「高い品質で、そこにしかない物」「あの人でないと、結果が出ないもの」という付加価値のある商品が求められるんですよね。売上が伸びたり、いつも安定している会社が売っているのは付加価値の高い商品だけで、決して安物を売りません。価格競争には、最初から参戦しないのです。

さて、耳が痛くなるようなチェックリストを挙げましょう。あなたの商売は、上記のポイントを満たしていますか？

4-06

餅は餅屋。〝大きな営業マン〟に頼むのが賢い！

営業とひと口に言っても、次のような二種類のセールスがあります。

【対お客様】 消費者であるお客様に、起業家自身が直接売り込む（B to C）

【対販売代行会社】 消費者に直接販売している企業へ、商品の取り扱いを頼む（B to B）

さて、あなたの商品・サービスは「誰が」売ると、一番売上が伸びるでしょうか？ あなた自身？ ネットショップ？ 街中で人気のあのお店？ テレビ通販？ ここでは、販売が得意な人に代わりに売ってもらう「対販売代行会社（B to B）」について考えます。

たとえば、アトピー体質で肌に優しいハンドクリームを探していた美和さん。「自分でつくってみよう」と天然材料を探し、試作を重ねて商品レシピが完成。製造工場を見つけて生産をはじめました。さて困ったのは、その売り方です。自分のネットショップで売ってみたけれど、それでは販売数に限りがありました。そこで考えたのが、「もっと販路の広い、大きなお店に取り扱ってもらうこと」。

「販売力のある、大きなお店」とは、大きなネットショップ、テレビ通販、「東急ハンズ」のように全国展開している会社、各主要都市で一番人気のあるショップ……など。

注目度の高いショップや大きなお店で扱ってもらい、全国区に

お店側は、いつも「売れる、新しいもの」を探しています。「個人がつくっているものなんて、取り扱ってくれない」と思っている人は多いですが、「珍しいもの」「量販店にないもの」という価値を評価して取り扱いがスタートする場合も多いようです。

また、注目度の高いショップで扱ってもらってブランドを高めて全国区に広げるパターンもあります。たとえば、渋谷や新宿にある有名人気ショップには、全国各地のバイヤーが視察に訪れています。そこで「これをうちの店で売りたい」と目に留まれば、地方各地、または世界各地から引き合いがあるかもしれません。

「自分のネットショップで売る」ことも可能な時代ですが、あえて大きな営業マンに頼むという選択肢。「自社のネットショップでは数個の売上」という単位でも、全国展開している大規模ショップで売れればひとつ、ふたつ桁の違う売上が見込めるでしょう。

各社との取引がスタートすると、商品の生産量や在庫が一気に増えることも念頭に置いておきたいところです。

4-07

本業×「ものすごいニッチ」で有名人になる

インターネットとSNSが浸透している現在、ひとり起業家の一番いい売り方は、**「本業」×「ものすごいニッチ」**です。どのようなことかと言うと、「本業」で身を立てながら、「ものすごいニッチ分野」の研究家となり、その珍しさでマスコミからオファーを受ける方法です。

たとえば、おしゃれなカフェ、雑貨屋、イラストレーターといった職業には、たくさんの競合がいます。その仕事で注目を集めて唯一無二の存在になる人は、ほんの一握り。そこで「ものすごいニッチに詳しい」ことが助けになります。そのニッチ分野について、マスメディアの取材があるでしょう。

ニッチで有名に

非常に極端な例ですが、経済評論家の森永卓郎さんの場合。東大卒で難しい経済論を扱う森永さんの人気に火をつけたのは、「オタク」で「節約家」というギャップ。自宅に貯蔵しているフィギアコレクションだけでなく、コンビニのポイントカードで2円をゲットする方法や食費節約術を伝授する等、硬い経済分野とは違う魅力が面白いのです。

コンビニアイスの評論家、アイスマン福留さんは、アイスを食べた感想を載せるサイトをつくって閲覧者が増え、一躍人気者になりました。最初はウェブデザイナーが本業でしたが、今ではアイスの評論活動が本業になっているそう。

SNSの普及で、普通の主婦だった女性がテレビや雑誌に出る機会が増えました。たとえば、ブログに「ものすごいニッチ分野」を研究する過程を載せ、それを見たテレビ局が取材のオファーをかけるのです。「ものすごくニッチ」の例は、「豪華客船の選び方」「子どもが使いやすいタブレット端末」「和太鼓の叩き方」といった具合。

「ものすごいニッチ分野」を選ぶ際は、あなたが大好きなものを選びましょう。そのほうが「続けやすい」から。続けていれば、日の目を見る機会が増えます。小さな分野を信じられないくらいに極め、研究家から専門家のように進化していくのです。

4-08

「女性のお客様」を呼ぶのは「共感」である☆

女性起業家の多くは、「女性」の「一般消費者」をお客様としています。もちろん男性を顧客とする場合もありますが、「女性と一緒に来店した男性」であったり、「女性へのプレゼントを購入するために来店してくださった男性」という場合が多いのではないでしょうか。

「女性のお客様」を呼ぶのは、ずばり「共感」です。「オシャレな感じが、自分の好みだった」「店員さんの洋服がかわいかった」「自分とよく似た人が来店している」「店主の家族への思いやライフスタイルが好き」「カラダを大切にする理念に共鳴する」「お友達が通っている店だから」という、いわゆる「波長が合う感じ」というのでしょうか。

共感を生む「外見」になっていますか？

だから、潜在顧客に「どのような店だと思ってもらうのか？」が大切なのです。あなた

「内面」に共感してもらうための「仕組み」

ブログやフェイスブック、インスタグラム（写真ブログ）で記事を更新すると、読んでくれた人の一部が「ファン」になってくれます。いわゆる「共感者」です。「あなたの考え方が好き」と思ってくれる方。「お客様を増やしたい」という方は、まず何らかのSNS（ブログ、フェイスブック、インスタグラムなど）をはじめてみるといいでしょう。あなた自身のことをわかってもらえるように「共感ポイント」をできるだけ多く掲載しましょう。

共感ポイント

- □ **商品のよさ、どうしてそのような商品を開発したのか？　商品企画の様子、経緯**
- □ **お店への想い、事業への想い**

自分自身を表わす個人的なこと

- □ **好きなもの、ライフスタイル、洋服、人へのスタンス**
- □ **家族のこと、それに対する想い（昔、こんなことがあった、という世間話でもOK）**
- □ **好きな食べ物、好きな行事、好きな国（これは、かなり人間性を表わす）**
- □ **飼っている動物（人とのつき合い方のスタンスが見える）**
- □ **好きな芸能人（どんな人生を好むのか、わかりやすい）　等**

の店がカレー屋さんであったとしても、簡素なテーブルが並んでいるだけではいけません。インドを旅している気分になる内装、または居心地のあるぬくもりのある店内、さりげなく置かれた花やかわいい動物の置物、タペストリー。一見、売上に関係なさそうに見える装飾品ですら、女性の「共感」を生むためのものなのです。ひとりで運営するネイルサロンのオーナーが、いつも綺麗な洋服を着て、素敵なヘアスタイルで、「誰が買うんだろう？」と思える美しいバッグを店内に飾っているのはそのためです。

4-09

お客様の「意見」や「クレーム」は宝の山!?

「顧客満足度」が問われることは、経営者としては耳の痛い話ですね。「顧客満足度」は、お客様の「意見」や「クレーム」と密接に結びついています。ところであなたは、小学生の時、男の子からからかわれた経験はありませんか? 皆さんがよくご存じのとおり、「男の子は好きな子をからかう」のです。これは、お客様の「ご意見」や「クレーム」と大いに似ています。「好き」だから、「もっとこうあってほしい」と要望を伝えるのです。

お客様の「声」を活かす企業は伸びます。世界に人気を広めつつある「無印良品」には、多くの商品が並んでいます。その中には「綿棒ケース」という、綿棒が20本くらい入りそうな四角い専用箱があって、「こんなものまであるの?」と驚くほど。なぜこんなにニッチな商品が生まれるのかというと、無印良品には、お客様のアイデアや「こんな商品が欲しい」という声がたくさん集まるのだそうです。普通の企業は、それらの「声」を捨ててしまいます。しかし無印良品ではそのアイデアをひとつずつ拾い上げて製品化しています。はっきり言うと、綿棒ケースに使えそうな箱は100円ショップでも売られています。なのに、なぜ顧客は無印良品を選ぶのか？　無印良品が生き残ってファン客を増やしている理由は、「顧客の声、クレーム、アイデアをすべて吸い込んで、ファン顧客と共に成長している」からです。あなたは、お客様の「声」に真の意味で、耳を傾けていますか？

商品・サービスを常に「改善」「改良」していますか？

お客様のクレームを「文句」と考えるか、「愛情」と捉えるか。クッキー屋さんを経営する久美さんは、新メニューを買ってくれた友人から、いろいろな欠点を指摘されています。駅ビルや商業施設に催事出店した際には、試食販売で散々、苦言を呈されたそうです。「甘すぎる」「硬すぎる、柔らかすぎる」と聞いては、材料や焼く工程、発送方法を見直しました。そして1年半かかり、今では一番人気となった商品ができ上がったそうです。

お客様の「意見」や「クレーム」を、「商品・サービスに改良を加えるチャンス！」と捉えたいですね。

Column

お客様は、あなたに似た人

あなたのお客様は、どのような方ですか？　その特徴を言うことはできますか？　心理学者Ｅバーシャイドが提唱する「マッチング仮説」によると、人間は、自分と「同じような人（釣り合いが取れる人）」「身体的な特徴が似ている人」に惹かれやすいという傾向があります。たとえばあなたも、次のような要素が似ている人に惹かれませんか？

●外見的な要素

- 身体的な特徴（顔のつくり、体型等）
- 洋服や持ち物の好み

●内面的な要素

- 生活レベル（経済力）
- 人生に関する哲学、誠実さ
- 知性、キャリア　等

街中を仲よく歩く友人２人組は、服装から雰囲気までよく似ていませんか？　人間は、自分と似ている人を好むのです。お客様も同じで、お客様は「あなた自身をうつす鏡」。無理をしなくても、自分らしく過ごしていれば、「あなたに似ている人」が必ず近づいてきてくれます。だから、「自分はこんな人です」とプロフィールに書いておくことが大切なのですね！　「出身地」を市町村まで明記し、好きなアーティストや食べ物まで書く起業家が多いのは、そのためです。

Part 5

楽しい☆組織論

5-01

ひとり起業家の「組織論」——コラボレーションの長所、短所

ひとり起業家は、その名の通り、ひとりでお仕事をしますが、何でもひとりでできる訳ではありませんね。たくさんの方々と協力しながら事業を進めていきます。

組織への関わり方のパターンとしては、①大きな企業から小さな案件を受注する、②中小企業の業務の一部を任される、そして③ひとり起業家同士がコラボレーションして事業を行なう場合があります。①②③のどれに重きを置くかは、ひとり起業家の個性にもよります。すべてのパターンを同時進行すると、案件が大小あってとても充実感が得られるし、収入源を分散することができます。

③のひとり起業家が何名か集まって事業を行なう場合、事業内容はもちろんですが、「誰と組むか」が大切です。会社という決まった組織と違い、あくまでも事業単位で集まった組織ですから、簡単に組むこともできますし、逆に、簡単に組織が分離してしまうこともあります。

“ひとり起業家コラボ”のメリット・デメリット

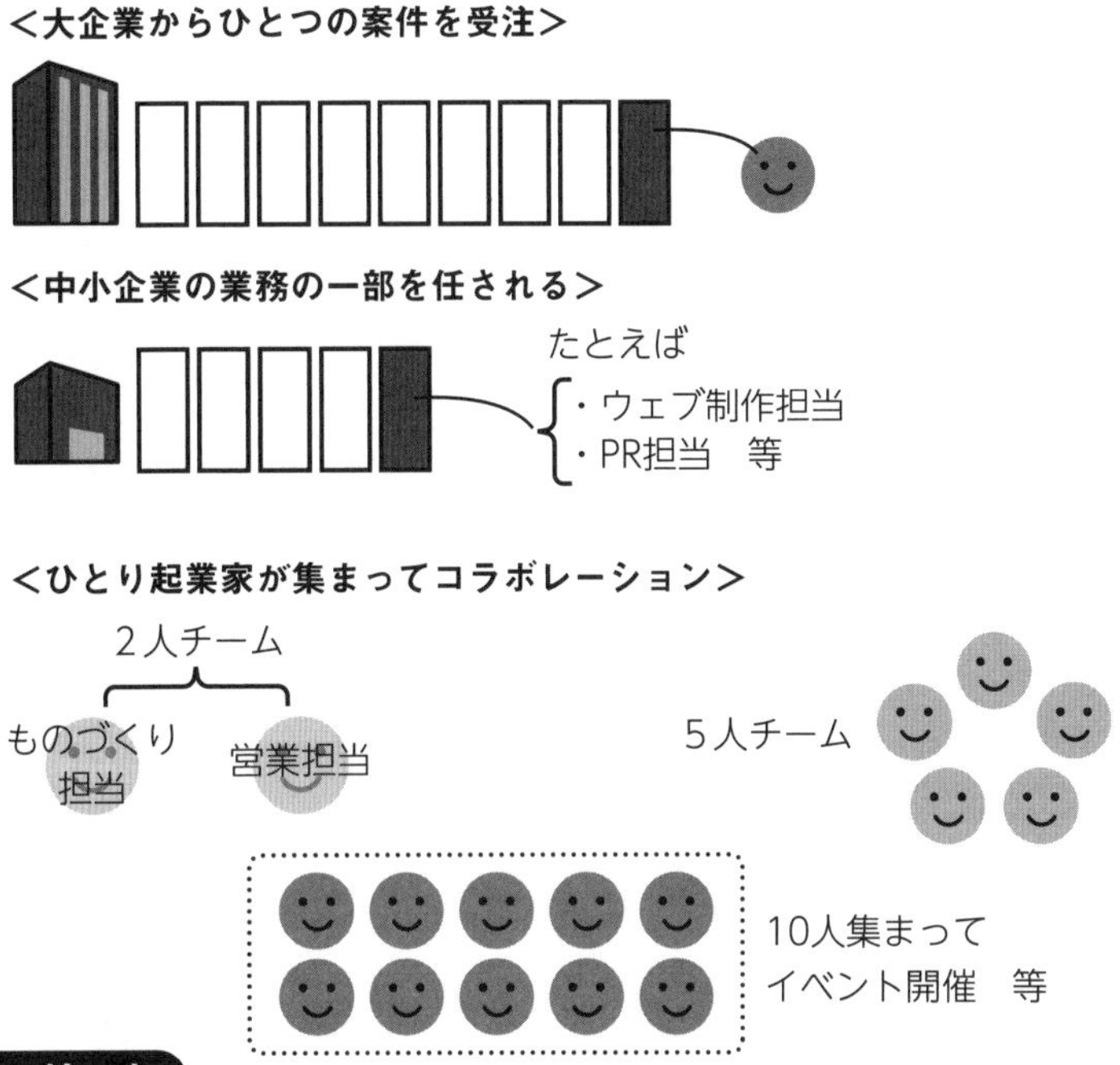

メリット

・それぞれの得意分野（専門知識、経験、ノウハウ）を組み合わせられる
・数名が集まることで、アイデアを磨くことができる
・従業員として雇用する訳ではないので、固定費（人件費）が抑えられる

デメリット

・人数が多い分、意思決定に時間がかかる
・企業等の組織体ではないので、結束力が弱い
・お互いの方向性がズレると、修復しにくい

5-02

2人組なら「反対の人」を見つけよう

2人組で仕事をする場合、性格が似たもの同士よりも「反対」の人を選びましょう。また、アドバイザーに、自分とは「反対の特徴を持つ人」を選ぶことは有用です。自分とは違う視点を与えてくれるからです。

さて、その「相方」の探し方について。出会ったばかりの相手だと、「この人と組んで大丈夫だろうか」と心配になると思いますが、次のような「外見的な特徴」で「性格が反対の人」を判断することができます。

- 体格（痩せ型 or ぽっちゃり型）
- 目の大きい、小さい
- あごの形（丸い or とがっている）

身体的な特徴は、性格形成に関係しています。たとえば、ぽっちゃり型より痩せ型のほうがYES／NOをはっきりさせる人が多いし、怒るスピードも速い。目が大きい人は明

似ているほうがうまくいく特徴

似ていることが必須でなく、似ていればなおよく、2人組として発展しやすい

◉**出身地域**…たとえば、大阪・近畿地方の出身者同士など、同郷の場合

◉**年 齢 層**…50 代同士、20 代同士等、時代背景による考え方が同じだと、仕事がしやすい

◉**同　　性**…アドバイザーに異性はよいが、２人組の場合は同性のほうが仕事は長続きする傾向あり。夫婦経営の場合は別

るく社交的で行動力が多く、目が小さい人はどちらかというと消極的で仕事をコツコツこなす堅実な傾向があります。また、あごが突出している人は自己主張が強く攻撃的な傾向があり、あごが丸い人は温厚で人情味がある傾向があります。外見的な特徴が「反対」のほうが相性がいいことは、長続きする漫才コンビにも共通していますね。

内面的な特徴、「血液型の違い」「話す頻度の違い（おしゃべり好き or 寡黙）」に違いがあると、性格が反対である可能性が高くなります。

仕事上での組み合わせは、友人同士で楽しく盛り上がるのとは少し違います。ビジネスライクにお互いを補うことができる関係性がベストです。

5-03

グループには「A型」と「O型」を入れよう

「血液型の相性なんて信じない！」というご意見もありますが、私は少し信じています。というのは、自分の血液型は、両親の血液型の掛け合わせであり、「育った環境」が何かしら反映されるから。国家でも何型が多いかによって、国民性が生まれている気がします。「和」を重んじる日本人にはA型が38％、B型22％、O型31％、AB型９％と、「気配り上手」なA型が多い。一方、ＩＴ産業の成長めまぐるしいインドでは、国民の41％を「考え方が柔軟で、好きなことを追求する」B型が構成しています（A型19％、O型31％、AB型９％）。

また、こんな話を聞きました。家族４名全員がB型のファミリーでは、食事で４名がテーブルにつくと終始にぎやかで、各人が自分の話をすることに集中し、相手の話はあまり聞いていなかったそうです。起業家がグループをつくって事業を推進する際も、チームメンバーの血液型構成を考えることは有用。私がコンサルティングをさせていただくクライアント様でもチームの血液型構成を考慮して、チームの業績が安定しました。

料金受取人払郵便

神田局
承認
8501

差出有効期間
平成30年６月
19日まで

郵便はがき

１０１-８７９６

５１１

（受取人）
東京都千代田区
神田神保町１－41

同文舘出版株式会社
愛読者係行

毎度ご愛読をいただき厚く御礼申し上げます。お客様より収集させていただいた個人情報は、出版企画の参考にさせていただきます。厳重に管理し、お客様の承諾を得た範囲を超えて使用いたしません。

図書目録希望　　有　　無

フリガナ お名前		性別 男・女	年齢 才
ご住所	〒 TEL　（　　）　Eメール		
ご職業	1.会社員　2.団体職員　3.公務員　4.自営　5.自由業　6.教師　7.学生 8.主婦　9.その他（　　）		
勤務先分類	1.建設　2.製造　3.小売　4.銀行・各種金融　5.証券　6.保険　7.不動産　8.運輸・倉庫 9.情報・通信　10.サービス　11.官公庁　12.農林水産　13.その他（　　）		
職種	1.労務　2.人事　3.庶務　4.秘書　5.経理　6.調査　7.企画　8.技術 9.生産管理　10.製造　11.宣伝　12.営業販売　13.その他（　　）		

愛読者カード

書名

◆ お買上げいただいた日　　　　年　　　月　　　日頃

◆ お買上げいただいた書店名　（　　　　　　　　　　　　）

◆ よく読まれる新聞・雑誌　（　　　　　　　　　　　　）

◆ 本書をなにでお知りになりましたか。

1．新聞・雑誌の広告・書評で　（紙・誌名　　　　　　　　）
2．書店で見て　3．会社・学校のテキスト　4．人のすすめで
5．図書目録を見て　6．その他（　　　　　　　　　　）

◆ 本書に対するご意見

◆ ご感想

●内容	良い	普通	不満	その他（　　　　）
●価格	安い	普通	高い	その他（　　　　）
●装丁	良い	普通	悪い	その他（　　　　）

◆ どんなテーマの出版をご希望ですか

<書籍のご注文について>

直接小社にご注文の方はお電話にてお申し込みください。宅急便の代金着払いにて発送いたします。書籍代金が、税込1,500円以上の場合は書籍代と送料210円、税込1,500円未満の場合はさらに手数料300円をあわせて商品到着時に宅配業者へお支払いください。

同文舘出版　営業部　TEL：03－3294－1801

血液型の特性を活かしたチームづくりのポイント

グループには「A型」と「O型」を入れると成長できる

事業が成長するには、「新しいことを発想」して「その方向に進める」ふたつの力が必要です。もしグループが4名以上になるなら、A型とO型を少なくとも1人は入れましょう。リーダーシップのあるO型と、気配りがあって人の和を大切にするA型のコンビが安定的なグループをつくってくれます。特に、O型が持つ行動力は、事業を前に進める基礎となります。

「急成長したい」と感じたら、O型がグループにいるか確認しよう

抜群の行動力があるO型。細かいことに気を取られるより、前に進むことを優先します。急成長する起業家にはO型が多く、急成長するグループにはO型が多くいます。

新しい動きが欲しい時は「B型」を入れよう

組織が同じ動きばかりになり、マンネリ化したと感じたら、新しく「B型」を仲間に入れてみましょう。独自の発想と明るさを持つB型が、グループに新しい風を吹かせてくれることでしょう。

楽しいこと大好きな「B型」が事業を急成長させたいなら、「A型」をそばに置く

血液型の中で、明るさのナンバーワンは好奇心旺盛なB型。B型が中心となるグループには、楽しさが溢れているでしょう。しかし事業となると、売上・利益といった「数字の管理」や「緻密さ」、「組織への気配り」が必要になります。そこで力を発揮するのは、A型。B型にとってA型は、時に「ノリが足りない！」と感じるかもしれませんが、そこがイイのです。A型がB型の成長を確実にサポートすることでしょう。

分析型の事業なら「AB型」を

クールで分析力のあるAB型。何かひとつの分野を追求したり研究する事業なら、AB型を入れましょう。クールな視点で、事業に深い知識を加えてくれます。

もちろん、血液型がすべてではありません。血液型の特徴に合わない場合も多々ありますが、起業家がグループ全員の特徴を把握しておくことに損はありませんよ。

5-04

「経営者の孤独」のやわらげ方

起業してわかったことですが、経営者は孤独です。自由で楽しいことの裏側には、自分で背負う責任がありました。「もし事業が崩れれば、支払いをすることができないし、自分自身が倒れてしまう」という重い責任を感じながら、資金面も充実させなければならない……。競合会社に勝つような、売上を伸ばす戦略も考えなくては！　そしてスタッフが1人でもいれば、常に「あれがおかしい、これが不十分だ」と文句を言われ、「会社の売上はなぜ上がらないのか」、「給料を上げて欲しい」というプレッシャー。多くの経営の悩みを抱え、相談する人もいない。この経営者としての悩みは、大企業からひとり起業家まで、経営者ならすべての人が抱えています。

そうした「孤独」をやわらげる方法はないでしょうか。残念ながら、「孤独」は経営者である以上、一生続きます。世の中は日々変化し、常に競争社会の中にあるので、一生戦い続けなければなりません。それでも、「孤独」を少しやわらげる方法はあります。

孤独をやわらげる方法

- **とにかく前を向いて、行動する**　「売れるかどうか」、「売上が上がるか」という不安は、心でモヤモヤしていても解決しません（でもモヤモヤ考えてしまうのが人間なのですが）。いろいろな方法を考え、動いてみると気持ちも変わります。
- **状況を理解してアドバイスをくれる専門家（コンサルタント、税理士等）に相談してみる**　相性もありますので、そのアドバイスが好みでない場合は、また別の専門家を訪ねてみるといいでしょう。これは医療分野と似ていて、お医者さんとの相性、「セカンドオピニオン」を求める場合が多いことでもご理解いただけるでしょう。
- **「孤独」を感じる理由を、ノートに書き出す**　経営的な課題が浮き彫りになれば、その解決策を考えます。問題の大きさを判断し、ひとつひとつ対処していくと、前に進んでいることを実感できます。
- **「散歩」に出掛ける**　「不安」や「怒り」を感じると、散歩に出かける社長さんを何人か知っています。「散歩」をしていると、脳が活性化して、思考がポジティブになるそうです。

すべての経営者が持っている「孤独感」。上手につき合っていきましょう！

5-05

ひとり起業家が「家族」を従業員にするメリット、デメリット

多くの起業家にお会いして感じるのは、起業家は、小規模企業ほど、家族や親戚等の身内を従業員に迎えている場合が多いということ。特に、「経理」担当者等、重要なポジションは信頼のおける身内を置いているパターンが多いです。女性起業家の場合、その傾向が高いと思います。

いわゆる同族企業、というとわかりやすいと思いますが、それにはやはり長所、短所があります。「家族や親戚」を従業員にするメリットとデメリットを考えてみましょう。

「子ども」と一緒にビジネスをするお母さんが増えている

新卒の就職難という時代背景がありますが、「娘や息子とビジネスをしたい」というお母さんが増えてきました。ひとり起業塾セミナーには、そのような女性が多くいらっしゃいます。私がアドバイスをさせていただくのは、「それぞれの適性に合った役割分担」を

「家族」「親戚」を従業員にするメリット、デメリット

メリット

- ◉性格をよく知っている：お互いに性格を知り尽くしているので、「ツー・カー」の号令で動ける
- ◉売上を上げるメリットを共有できる：お財布が一緒なので、みんなでがんばろうという気持ちになる
- ◉無理を言える：売上が少ない時期には、「ごめんね」と言って給料を少なくすることができる

デメリット

- ◉視野が狭くなる：家族や親戚だと価値観や考え方が似ているので、リーダーに先見性がない場合、視野がどんどん狭くなる。重要な意志決定には、他人（専門家等）の意見を取り入れるとよい。その場合、多数決は意見が家族側に偏ってしまうのでよくない
- ◉ケンカが絶えない：文句を言うにも、家族だと容赦がなくなる。店の中で大喧嘩をしてしまい、お客様にびっくりされることがないように要注意
- ◉収入面のリスク：家族全員で同じ事業をしている場合、もし業績が傾けば、共倒れ。1人でもまったく違う企業で働いていれば、収入が途絶えることはなく、リスクヘッジとなる

考えましょう、ということ。お母さん側がリーダーシップを取ったほうがいい場合もありますし、子どもさん側に行動力がある場合もあります。お母さんがうまく誘導しながら、子どもがリーダーとなっている起業チーム（親子）も多く存在します。有名な例でいうと、料理研究家の栗原はるみさんが息子さんの料理研究家・栗原心平さんとふたりで会社の代表取締役となり、家族が一丸となって経営をされていますね。

Column

「大変な時こそ、逃げない」

チームで動くと、多くの才能が集まって活気づき、事業を成長させることができますね。そんな時に、先輩起業家のこんな言葉が胸に刺さります。

「専門スキルや技術だけでは、どんな職種でも成功しない」

成功する経営者の「気配り」は相当なものですね。自分が中心に立っていても、周りに目を配る。そんな「気配り」とは、「思いやり」そのものだそう。「現場で困っている人はいないか」という想像力や観察力だそうです。

そして、ある先輩経営者さんは、大きなトラブルが起きても「“人のせい”や人任せにせず、自分自身が逃げないで、正面から立ち向かえば解決できる。大変なときこそ、逃げない」とおっしゃっていました。

逃げずにひとつずつ解決した結果、大成功したそうです。

Part 6

ひとりで３役こなせる「仕組み」づくり、業務改善

6-01

お仕事を「因数分解」しよう

ひとり起業家で、ひとりだけれど3人分くらい働いている人がいます。1日は24時間で平等なのに、なぜそんなことができるのかと言うと、「ひとりで3役こなせる仕組み」を構築しているから。この章では、ひとりでお仕事を多くこなす方法を考えていきましょう。

私は、外資系コンサルティング会社のプライスウォーターハウス（PwC）で、ABC／ABM（Activity Based Costing/Management：活動基準原価計算）を用いて業務改善を行なう部署に所属していました。ABC（Activity Based Costing）では、平たく言うと、企業のすべての仕事を「Activity（細かな活動）」単位に分解し、仕事を効率化してコスト削減するため、戦略的に組み立て直します。大企業ですら、多くの無駄や「もっとこうすれば効率化できる」という状況が常に多く発生しています。私はコンサルタントの先輩方にその手法を教えてもらい、ABCの考え方が全身に染み渡っています。ABCは、世の中すべての仕事の効率化と最適化に役立ちますので、ABCの基本を応用してみます。

「レッスンで調理するメニューを決める」までの作業は？

① メニューを考える（紙やパソコン上でアイデアをメモ）

日々の家事と一緒に行なってしまうのもアリ。家庭用の食材を買う際に一緒に購入してしまう

② メニューで使う食材を購入

③ 試作

家事の合間に食材を仕込み、家族の食事をつくる際に一緒に試作してしまう

「メニューを決める」「ネット上で次回のメニューを発表」は、１年分を先に決めてしまい、早々に発表。毎月、レシピの詳細を考えるだけにする

④ メニューを決定し、生徒に配るレシピを書く（紙やパソコン上）

⑤ ネット上で、次回のメニューを発表

「レシピ」「チラシ」のフォーマットを作成し、毎回、文言と数字を書き換えるだけにする。ネット上の書き込みフォーマットを用意し、メニューを書き込むだけにする

⑥ チラシを制作（紙やパソコン上）

⑦ チラシを印刷

チラシの配布はナシ、と決めてしまう。「ホームページ（ブログ、Facebook）を見てくださいね」と言うだけにすると、紙の制作作業がほとんどなくなる！

仕事には、さまざまなタイプの「作業＝細かな活動（Activity）」があります。ひとつの仕事に、最低でも3種類、多いと約15種類の作業が混在しています。あなたのお仕事を細かく分解してみてください。いろいろな活動があり、まとめて作業できるものがあることに気づくはずですよ。

6-02

作業にかかった「自分コスト」は、いくら？

あなたが行なっている作業は、すべてお金に換算することができます。ビジネスですから、当たり前とも言えますすね。さて、いくつか質問をしましょう。

あなたの時給はいくらですか？

アルバイトやパートタイマー、派遣社員の場合、時給が決まっていますね。起業家も、時給換算で動くと「自分が行なうべき仕事なのか？」がわかって身が引き締まります。

「あなたの10分間」は、いくらですか？

たった10分、されど10分。「なんとなく電話をした」「立ち話につき合った」のも、あなたの大事な時間の一部です。あなたの10分間はいくらですか？　時給が3000円なら10分間は500円、時給が900円なら10分間は150円、どちらにしてもコーヒー1杯は買えてしまう値段ですね！

ＡＢＭ（Activity Baced Management）では、この「時間はコスト」という考え方を使います。ＡＢＭの考え方で、「『自分の時給は３０００円』と望んでいる経営者」のお仕事の「費用（コスト）」を見てみましょう。

「チラシの作成を自分で行ない、90分かけた」 90分間だと４５００円、つまりチラシ作成にその「自分コスト（人件費）」と、紙やインク代といった印刷代もかかったということ。利益がいくらの商品なら、チラシ配布が有意義ですか？

「電車に乗って、40分間の移動」 40分間は、２０００円。電車の中で仕事ができればそれだけを働いたことになりますが、何もしなければただのロス!? 移動することで頭が活性化され、アイデアが湧く場合は、有効な時間と言えるでしょう。

「アルバイトさんと打ち合わせ」 １時間の打ち合わせなら、経営者自身のコストは３０００円。時給９００円のアルバイトなら、それと合わせて打ち合わせに３９００円使ったことになりますね）。

時給換算して作業別のコストを計算すると、どんな無駄が発生しているのかもわかりますね。「将来的に、実益が生まれること」に時間とコストを使っていきたいところです。

6-03

「経営者にしかできない」仕事とは？

事業においては、大きく3つの仕事があります。それは、①ビジネスを毎日同じ手順で運営すること、②誰でもできる作業、③経営者が自ら行うべき仕事です。

③の中心軸は、年商10億円の企業でも、ひとり起業家でも基本的に同じです。このページでは、③の「経営者にしかできない仕事」を具体的に考えてみましょう。

経営者に〝しか〟できない仕事って、どのようなものだと思いますか？　それは「企業のあり方」そのものを創る、人間の体で言えば「心臓」と「脳」のような、すべての「要」です。それでは、経営者にしかできない仕事をひとつずつ挙げていきましょう（ここでは、ひとり起業家の活動も「企業」と書きます）。

- 企業が「何を目指すのか」「どのような社会貢献を行なうのか」という「経営理念」を定め、維持する

- マーケットの変化を読み、企業はどのような経営戦略で進むべきかを考える
- 「1年後に、売上高をいくらにするか」「それを達成するために、どのような行動をするか?」という「事業計画」を具体的に考える
- コーポレートガバナンス（企業統治）、すなわち、経営が適正に行なわれているかを随時チェックする

経営者がするべき事は、「企業の将来をつくること」。これらの仕事に多くの時間を割きましょう。

6-04

いつもの作業は、4つの「化」で時短！

❶シンプル化

「2：8の法則」がありますが、多くの場合、新しいアイデアで創造的なお仕事は、およそ2割くらい（1日10時間労働なら、クリエイティブな時間は2時間）。それ以外の8割は、簡略化・高速化できる決まりきったお仕事ではないでしょうか。たとえば会議でも、新しいものを生み出す時間より、報告や説明など定型的なものが多くを占めているのです。

決まりきったお仕事なら、短時間で多く処理できたほうがいいですね。4つの「化」で簡略・高速化してしまいましょう。それは、①シンプル化、②ルーティン化、③フォーマット（雛形）化、④システム化。工場のベルトコンベアーで次々と処理していくようなイメージです。

それでは、ひとつずつ掘り下げていきましょう。

①シンプル化

お仕事といっても、たくさんの種類があります。誰かに「説明する」「相談する」といった仕事は、相手に左右されますのでシンプル化はできません。一方、「名刺管理」「データ入力」「請求書の送付」「メールの送受信」等の事務的な作業はシンプル化できます。

第一の方法は、「**一度にまとめてやる**」。作業というのは大抵の場合、取りかかりに時間がかかります。ひとつの作業は1分以内に済むことも多いので（たとえば、作成したフォーマットの一部を書き換えるだけ。112ページ参照）、作業が1個でも10個でも、それほど時間は変わりません。そこで、「土曜日に1週間分をまとめてやる」、「毎月10日に1ヶ月分をまとめて印刷する」など、一度に大量に処理すると時短になります。

第二の方法は、「**工程を削る**」。ひとつのお仕事は、たくさんの小さな作業に分解できます。詳しくは102ページでご説明していますが、そのうちの数個の工程は削ることができ、他のお仕事と共有できる場合もあります。そんな削れる要素を見つけて、どんどん削って簡素化していくことも経営者のお仕事です。大企業のコンサルティング現場でも、そうした提案が日々、行なわれています。

とはいっても、シンプルにする一番の方法は「**しない**」こと。その作業をしなくても困らないのなら、思い切ってやめてしまいましょう。

6-05

いつもの作業は、４つの「化」で時短！

❷ルーティン化

②ルーティン化

多くの職業では、１日の作業のうち６～８割程度はルーティン化できます。ルーティン化とは、工場のベルトコンベアーのように、決まりきった工程で流れ作業のように処理すること。定期的に行なう仕事は、「作業の流れ」を決めて、いちいち考えなくても進む工程にしましょう。

それでは、ルーティン化の具体例を見ていきましょう。

「個人開業医（内科）」の場合

患者の身体の状態はさまざまですが、その診察方法はどこの病院でもよく似ています。「どのような状態か聞く」→「胸に聴診器」→「背中に聴診器」→「喉」の状態を見る→カルテを書きながら患者に状況を伝える。これが、診察の一連の流れですね。その後、オプションで「ベッドでお腹の様子を確認」「採血」「注射」「点滴」と展開していく訳ですが、診察の手順を決めることで、診察時間を効率化しています。高度で専門的な仕事でも、その多くの作業手順はルーティン化されています。

「花屋」の場合

お店の開店前に、「鉢植えの花を店頭に並べる」「店頭の掃除」「店内の掃除」「レジの確認」「店内の花をきれいに並べる」等の作業をするでしょう。その作業順番を決めておくことで、毎日規則正しく過ごすことができます。フラワーアレンジメントのアイデアを考えるクリエイティブな仕事は、手や身体を使うルーティン作業の最中に、別途、頭の中で進めることができます。

ルーティン化は、「1日の決まりきった作業の流れ」とも言い換えられます。難しい判断、クリエイティブな作業は、ルーティンで効率化された1日の中でテンポよく行ないましょう。

6-06

いつもの作業は、４つの「化」で時短！
❸フォーマット化、❹システム化

③フォーマット（雛形）化

とても基本的なことですが、「報告資料」「営業用のプレゼン資料」等、ほとんどの資料は「フォーマット（雛形）化」することができます。パソコンが普及した当初は、カッコイイ資料をつくれることがステイタスでしたが、最近は、「A4サイズ1枚だけの見やすい簡潔な資料」「資料づくりに時間をかけ過ぎるのは無駄」という意識が広まっています。プレゼンテーション資料のデザインも、無料で種類多く配布されている時代。「資料が凝ったデザインかどうか」への注目は減っていくでしょう。

そこで最適なのが「雛形（フォーマット）」をつくること。自分に合う気に入ったものを使い回すのです。フォーマットと言っても、難しく考える必要はありません。気に入った書類データを使うたびに、少しずつ改善していきます。それをコピーして使ううち、自然とあなたにとって使い勝手のいい雛形に変わっていきます。

④システム化、機械化

決まりきった作業で機械化できることを探しましょう。わかりやすい例では、券売機の導入でレジでの支払い作業をなくすこともできます。小さな居酒屋の場合、夜のかき入れ時には個別に会計をするけれど、ランチ営業は価格を単一にしてシンプル化し、券売機を導入して機械化すれば、レジ会計の人件費を削ることができます。

またインターネット上のクラウドシステムを活用できる場面も増えました。たとえば、個人事業主の経理処理もウェブ上で簡単にできるようになっています。独自システムを構築することが難しいひとり起業家は、無料や安価のウェブサービスを利用することで中小企業と同じレベルの仕組みを構築することができます。

４つの「化」で、小さな会社でも業務を効率化して、少ない人件費で利益を増やすことができますね。

6-07

快適な「自分オフィス」づくり

自宅に、快適な「自分オフィス」をつくりましょう。『マイペースで働く！　女子のひとり起業』にも書きましたが、女性は生まれながらに、いくつもの仕事を同時にこなすマルチタスク能力を持っています。なので、自宅内オフィスをキッチンの近く、リビングにつくれば、仕事と家事を同時進行できるので効率的です。

中心になるのは、パソコンを置く机と作業台の一畳スペース。この一畳スペースを機能的に備えれば、空き時間がたった2分でもあれば仕事ができます。頻繁に使うものは、一畳スペースにすべて収納。毎日取り出す訳ではない書籍や仕事の各種ファイル等は、別のスペースに立てて並べます。デスク周りは、「わざわざ立ち上がらなくても、作業がすべてできる」がベスト。小さくとも快適なデスク周り、これが仕事を何倍もスピードアップさせるのです。

快適オフィスが仕事の出来を左右する！

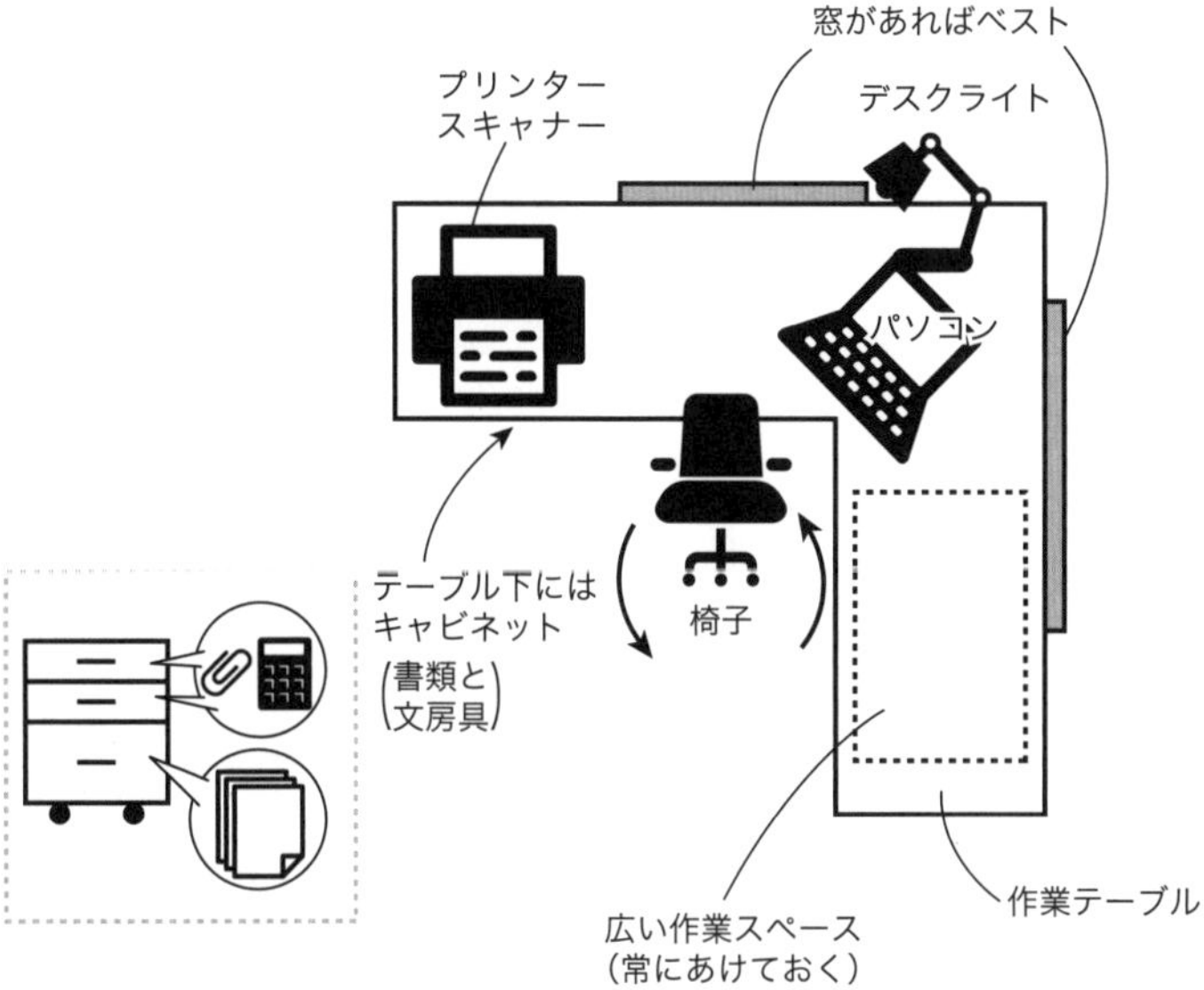

仕事の出来やアイデアは、環境によって左右されるので、「太陽の当たるような、明るい場所」を選びましょう。

昔はオフィス専門店に行かないと見られなかった機能性の高い椅子、キャビネット等が、ネットで安価に売られています。最近は、高機能な製品が、個人事業主や在宅ワーカーのために安く改良されていますので、オフィス用品店のサイトを覗いてみましょう。

6-08

外に「どこでもオフィス」をつくろう

女性経営者の場合、「いつでも」「どこでも」仕事ができると、それが強みになります。仕事と家族との暮らしを両立しながら、隙間時間すら有効利用できるからです。「どこでもオフィス」の場所は、カフェ、レストラン、ファミレス、電車の中、公園、新幹線や飛行機の中……。本当に、どこでも可。

私が以前勤めた、外資系コンサルティング会社のプライスウォーターハウス（PwC）では90年代後半から、ノートパソコンとインターネット通信機器（当時はＰＨＳ接続）を全社員が持ち、当時から新幹線の中でもパソコンを開いて仕事をしていました。まさしく、遊牧民を意味する言葉「ノマド」の通り、どこに移動しても仕事場を立ち上げる働き方です。道具とあなたの頭さえあれば、世界中どこにいても仕事はできます。たとえ1分でも、どこでもすぐに仕事ができれば、どれほど忙しい人でもさまざまな仕事が進んでいくのです。では、その具体的な方法を考えてみましょう。

「どこでもオフィス」ができる準備

今日24時間中に、こなす仕事リストを作成

まず「今日のうちに済ませてしまいたい仕事」をリスト化。「それを実行するにはどうするのか？」。どこのタイミングで隙間時間ができるかわからないので、仕事道具を持ち歩きましょう（あくまでもバッグは軽量に）

「どこでもオフィス」セットをつくろう

使いやすい文房具、メモ、スマホ等を１セットで持ち歩く癖をつければ、たとえ道の端っこでもすぐに仕事環境ができ上がります。ポイントは、持ち歩きが苦にならないくらい、持ち物を最小限に厳選すること

どこにでもノートパソコンを持っていく

ノートパソコンは年々軽量になり、ワイヤレスネットワークが装備されています。世界中どこでも資料がつくれるし、メールが送れます

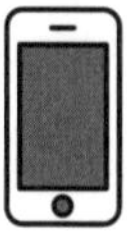

スマホひとつで仕事ができるようにする

スマホのような手のひら機器には、パソコンに代わる機能がどんどん搭載されるようになるでしょう。「いかに軽量な持ち物で仕事をするか」。従業員が100名を超える中小企業の社長さんで、ポシェットのような小さなバッグで仕事をしながら移動している方もいますよ。ひとり起業家の大事なひとりPR術である「SNSの更新」はすべてスマホ経由で電車の中でできますね

電話は、どこでも可能

今や、電話はどこでも携帯電話で受け取れます。そもそも電話連絡を減らす仕組みをつくっておけばラクです

片づけたい書類を持ち歩く

「持ち歩く」と決めた瞬間に、「どうしても今日処理しなければならない書類」選びをはじめましょう。この「選別」も仕事効率化の鍵。「この時間帯に書き込もう」と、作業時間帯を考えておくと、「その時間にできるのはこのくらい」と、持ち運ぶ分量を計算しておくこともできます

Column

余白、が幸せ感の秘訣

幸せ感が満載のラグジュアリーなホテルを観察してみると、「余白」が多くあることに気づかされます。高級感溢れる癒し空間であるロビーや廊下は天井が高く、過度な装飾というより、ゆったりとしたスペースが広がっています。私は、「この廊下に何部屋できるかな」なんて考えてしまいますが（笑）

書道の世界では、墨の「黒」と余白の「白」のコントラストを楽しむそうです。字を刻む「黒」ではなく、「白」の部分をどのように出していくのか。それが書の美しさの秘訣だそう。

たぶん、私たちが幸せ感を得たいなら、「余白」を多く生み出すことが秘訣なのかもしれません。「余白」とは、「時間的な余裕」「未来への大きな広がり」といったスペース感覚。

仕事を休むのは、なかなか勇気がいりますが、「余白を求めて、休んでみる」のもひとつの手かもしれません。「忙しい日常」と「余白」、この両方がバランスよくある人が幸福感を感じやすいのでしょう。私自身も「忙しい」と感じる癖がありますが、「ゆったりとした余白」を持つことが大切だと実感しています。

Part 7

堅実な「お金」のはなし

7-01

売上を伸ばそう！売上高を「因数分解」します

「売上を伸ばしたい」。すべての経営者の望みであり、悩みでしょう。中小企業に伺って、経営コンサルティングをさせていただく際にも、クライアントの「売上高の向上」は私自身の重要なお仕事でもあります。やみくもに「売上を伸ばしたい」と言っているだけでは売上高は増えないので、細かく分析していく必要があります。

さて、動ける人員の少ない中小企業やひとり起業家が売上を増やすには、「どこに力を入れていくか」をじっくり検討する必要があります。そのために、まず、あなたの事業の「売上の構造」を因数分解してみましょう。3ステップに段階立てて、見ていきます。

ポイントは、ひとまとめになっているあなたの売上を「事業の種類別」にひも解くこと。実店舗とウェブショップがある場合は、実店舗の商品カテゴリー別、ウェブショップをいくつか運営しているならサイト別に売上高を算出しましょう。客層は商品カテゴリーによってかなり違うので、細かく分けることで、傾向がより見えてきます。

あなたの「売上の構造」を分析してみよう！

STEP 1 あなたが行なっている事業を、種類別に書き出す

例）お花屋さんの場合
- 実店舗で、生花を販売
- 実店舗で、プリザーブドフラワーを販売
- （ウェブ通販で）ウェディングブーケの受注販売
- （ウェブ通販で）フラワーアレンジメントを販売
- 実店舗で、教室「お花のレッスン」を開催

STEP 2 それぞれの事業について、次のように、「売上高の計算式」を分解する。お花屋さんの例では、細かく分けると５つの収入源（事業）があるので、５つの事業についてそれぞれ計算式を書く

◉「売上高の計算式」に因数分解
売上高＝　客単価（商品単価×購買個数）×客数

STEP 3 売上高の構成要素「商品単価」、「ひとりのお客様が一度に買ってくれる個数」、「客数」のどれを増やすことができるのか、考えてみる

- 商品単価を上げることができれば、少ない客数でも売上高は増える
- ひとりのお客様が、今までより多く購入してくれる方法は、どんなことか？
- 客単価を変えられないのであれば、物理的に「お客様の数」を増やしていく

他に新しい事業をつくれるようなら、その売上高を想定して、売上高の因数分解を計算式にしてみましょう。

7-02

「資金繰りが悪い」という悩みとキャッシュフロー

「お金」の悩みは、多くの経営者について回ります。売上高は伸びていても、「資金繰りが悪い」と悩んでいる経営者はたくさんいらっしゃいます。それでも、事業を拡大していかなければならない、事業を回していかなければならないというジレンマ。その大部分は、「キャッシュフロー」の問題です。

キャッシュフローとは、一定期間に動く「現金」の流れのこと。資金繰りの問題とは、たとえば、「毎月売上はあるのだけれど、仕入れの支払いをする手持ち資金が少ない」「アルバイト人件費を払うと、赤字になる」という場合。「1年間」という単位では黒字になっても、「冬の3ヶ月間が特に資金的に厳しい」という状態が存在するのです。

あなたの損益計算書を分析しましょう

資金繰りを改善するには、まず自社の損益計算書を見てみましょう。原価またはどのような経費があなたのビジネスを圧迫しているのか（損益計算書の基本は次ページ）。

「入金のタイミング」を確認

あなたのすべての事業の「入金のタイミング」を紙に書き出してみてください。「売上」から「入金」までの時間差が、2ヶ月間以上ありますか？ 入金までの期間が長い場合は複数の事業を手掛けることで入金のタイミングをズラして、毎月何かしらの収入があるようにスケジュールを組み立てるのが理想です。

「仕入れ」が多い物販事業の場合

1回の仕入れ金額が多い場合、その仕入れた商品が売れるまでの期間は、資金難になります。特に、仕入れから販売まで3ヶ月以上ある場合は、そこで大きな収入がない限り、キャッシュが足りなくなります。そこで、仕入れが多い物販事業をしている場合、少しずつでも日銭が入る「モノの仕入れがいらない事業」を行なうと、キャッシュフローの助けになります。「モノの仕入れがいらない事業」というのは、お教室、マッサージサービス、ネイルサロン等のサービス事業のことです。

キャッシュフローの流れは、定期的に見直すことが大切です。

7-03

損益計算書をわかりやすくご説明しましょう

「損益計算書」または「P／L（Profit and Loss Statement の略）」という言葉を、経営者になると頻繁に耳にするでしょう。損益計算書とは、簡単に言うと、会社の数字である「売上」「経費」「利益」を足したり引いたりしながら、ある一定の期間に「どれだけの売上をあげ、利益を残したのか」を表わす書類です。一番上に「売上」、一番下には会社に残った「利益」を書きます。左ページにあるように、「損益計算書」は、大きく分けると4つの部分で構成されています。①売上、②原価（仕入れにかかった金額）、③経費（販売費および一般管理費、略して販管費）、④利益（当期純利益など）。

損益計算書の上から順に、足し算や引き算をするのですが、その式は、

①売上 ー ②原価 ー ③経費 ＝ ④利益

となります。損益計算書からは、「企業の売上規模」、「利益」や「利益率」、「原価率」、「経費の構成」等が読みとれます。経営者自身もじっくり向き合うべき書類です。

損益計算書の概略

③いわゆる「販管費」
事業にかかる経費

「固定費」と「変動費」に分かれる

売上に応じて増減する「変動費」を増やしたほうがいい

①売上
会計期間が1年間の場合、「年商」となる

②原価
商品によって、「原価率」(＊)が違う！
原価率の目安は、『マイペースで働く！　女子のひとり起業』をご参照

損益計算書

□□株式会社　　自平成○年○月○日　　至平成○年○月○日　　(単位：円)

Ⅰ　売上高			○○○
Ⅱ　売上原価	1.　期首商品棚卸高	○○○	
	2.　当期商品仕入高	○○○	
	合計	○○○	
	3.　期末商品棚卸高	○○○	○○○
売上総利益　(粗利益)			○○○
Ⅲ　販売費及び一般管理費			
	1.　給料	○○○	
	2.　旅費交通費	○○○	
	3.　広告宣伝費	○○○	
	4.　通信費	○○○	
	5.　水道光熱費	○○○	
	6.　支払家賃	○○○	
	⋮	○○○	○○○
営業利益			○○○
Ⅳ、Ⅴ　営業外収益、損失			○○○
経常利益			○○○
Ⅵ、Ⅶ　特別利益、損失			○○○
税引前当期純利益			○○○
法人税等			○○○
当期純利益			○○○
前期繰越利益			○○○
当期未処分利益			○○○

固定費
(売上が少なくても、必ず発生するので、低く抑えたい)

④事業による「利益」

【ここに注意！！】
いわゆる「粗利」
この粗利が少なければ、商売は成り立たない

＊「原価率」＝原価　／　売り値

7-04

「売上が多い」と「儲かる」はまったく別の話です

経営で一般的に問われやすい数字は「売上高」ですが、実は「売上が多いこと」と「儲け」はまったく別の話です。売上規模で考えると、店舗数の多い大企業が大きいですが、利益率では中小企業のほうが多いパターンもたくさん存在します。

124ページでもお伝えしたように、「利益＝売上－原価（仕入れ値）－経費」です。業界によっても、事業や各商品によっても、「利益率」は全然違います。

ごちゃ混ぜはダメ。事業ごとの「利益額」を把握しよう

数字は、常に「見える化」する必要があります。企業でもある程度の規模になるまで、「どんぶり勘定」の会社が少なくありません。損益計算書や貸借対照表などの財務諸表を作成していても、経営者がその中身をあまり把握していないパターンです。会社全体の売上だけを見ても、しかるべき経営戦略を立てることはできません。事業ごとに、売上と利益の

事業ごとの「売上」と「利益」　わかりやすい例

ある会社で、3つの事業（A～C）を行なっているとしましょう。事業Aの売上高の伸びが著しく、全社的な売上の大部分を占めています。しかし、その会社を支えているのは、一番売上は少ないけれど毎月利益を叩き出す事業C、なんてケースがあります。

<事業別の売上高、利益（1年間）　例>　年商1,000、利益　70
事業A：　売上　600、利益　20
事業B：　売上　300、利益　マイナス10
事業C：　売上　100、利益　60

一番売上が多いのは事業Aですが、仕入れや経費も多くかかり、利益は売上高に対して少ない。事業Bに至っては、今年はマイナスでした。その一方、事業Cは売上高は一番少ないものの、経費が少なくて済む事業なので、利益が多く出ています。

この会社の場合、売上が少ないからと、事業Cをなくしてしまうと、途端にキャッシュが回らなくなる可能性さえある。事業ごとの売上高利益率（利益／売上）を計算してみることをおススメします。

関係を把握することが経営改善の第一歩です。経営コンサルティングをさせていただく際、私は毎回、財務諸表を見せていただきます。各事業の数字を確認しながら、今後の戦略を立てるためです。

7-05

倉庫に山積みの「在庫」が資金を圧迫！

百貨店やスーパーで開催される「お歳暮ギフトの処分セール」では、解体されたギフト箱の高級なカニ缶やハム、ワイン等が2～5割引の値段で手に入ります。なぜ定価の半額にしてでも、売りさばくのでしょうか？　その理由は、倉庫に在庫として眠らせておいても、お金を生まないどころか、大きな損失になってしまうからです。

商品の多くが、賞味期限がある「食品」、「飲み物」だと資金繰りを圧迫！

形ある商品には、3種類あります。「時間が経つと、すぐに劣化するもの」「劣化しにくいもの」「時間が経つと、価値が上がるもの」です。

- 「時間が経つと、すぐに劣化するもの」……食品、飲み物、生花
- 「劣化しにくいもの」……洗剤等の日用品、雑貨、家具、洋服、アクセサリー
- 「時間が経つと、価値が上がるもの」……（ヴィンテージ）ワイン、骨董品　等

取り扱う商品の大半を「時間が経つと、すぐに劣化するもの」が占める場合、売れ残った時に廃棄処分となる可能性が高いので、資金繰りを圧迫します。仕入れた金額分を回収できないためです。そのためケーキ屋さんでは、生クリームや果物のケーキだけでなく、クッキーの詰め合わせ等の「日持ちがする商品」を多く販売しています。生ケーキをつくるのを止めて、焼き菓子専門店に事業転換する店があるのはそのためです。

商品劣化による、「在庫ロス」を防ぐ

仕入れた商品が結局売れず廃棄する「在庫ロス」を防ぐには、どのようにすればいいでしょうか。たとえばお花屋さんなら、次のような3つの工夫が必要です。

①商品の鮮度を保つために、手入れをする（こまめに、花瓶の水を取り替える）
②長持ちする商品の割合を増やす（鉢植えやプリザーブドフラワー、花瓶等）
③陳列した商品を活かす事業を増やす（フラワー教室の開催、ネット通販等）

モノを売る商売の場合、在庫はある程度必要ですが、多過ぎる在庫で得なことはありません。倉庫代が必要になり、棚卸しに時間はかかる（人件費も発生）、仕入れ金額は回収できないままですから。在庫はセール等を開催し、できる限り売ってしまいましょう。

7-06

女性起業家の「借入れ」、リアルなところ

ビジネスをしていると、「お金が足りない」という状況が発生します。資金難を自己資金で乗り切るのか、誰かに借りるのか？　女性起業家はどのようにお金を調達しているのでしょうか。皆、「借入れ」はどれくらいしているのか、気になりますね。

女性起業家は小資金で開業して、小資金で回せるビジネスをするパターンが多い

前著にも書きましたが、「どのようにすれば、少ない資金で回せるか」と頭をひねり、さまざまな工夫によって乗り切った起業家がたくさんいます。店舗を持たない場合、開業資金は100万円未満で抑え、それをすべて自己資金でまかなっている方が多くを占めます。そのように女性起業家の場合、借入れをして事業を拡大するより、現状維持を望む方が多いですね。個人的な見解ですが、ひとり起業の場合、資金繰りが厳しくなると、まず

「金融機関で借入れをした女性起業家」の開業資金　平均値1081万円の内訳

自己資金：270万円
配偶者、親、兄弟、親戚等から借入れ：92万円
友人知人から借入れ：53万円（事業に賛同してくれた個人・法人、自社の役員・従業員を含む）
国民生活金融公庫（日本政策金融公庫）、民間金融機関、地方自治体（融資制度）からの借入れ：618万円
その他からの資金調達：49万円

日本政策金融公庫（旧国民生活金融公庫）総合研究所の「2013年　新規開業実態調査（特別調査）」によれば、「金融機関で借入れをした女性起業家」の場合、開業時には平均的に上のような資金調達をしています（平均値、1万円以下は四捨五入）。家族からの借入れがしやすく、友人知人からの借入れは少ないようです。政府系金融機関である日本政策金融公庫や地元の信用金庫、地方自治体から融資を受けている場合が多いです。各種金融機関から借り入れた金額は、200万円、300万円、600万円等、事業内容によってさまざま。融資時には、過去の実績、今後の事業計画をしっかり資料にまとめて交渉する必要があり、「金融機関に借入れを頼む段階で、事業計画を練り直すことができた」という声を聞くこともあります。

自己資金で何とかならないかを考えます。資金を借り入れるとしても家族や親族に頼るケースが多いでしょう。しかし従業員を1人でも雇用するようになると、給与の支払いや事業拡大のために、金融機関へ借入れの打診をするようになります。実店舗が必要な事業では店舗物件を借りる際、保証金や前払い家賃、改装費等で数百万円を必要とするパターンが多く、借入れを必要とするでしょう（たとえば、ネットショップを運営している人が、「やはり実店舗があったほうがいい」と判断して出店を決めるケースなど）。

7-07

クラウドファンディングで、お金と応援してくれる人を集めよう!

インターネットの発展により、「顔を合わせたことがない人からの応援」を受けられるようになりました。なんとネット上で出会った人に「出資」までしてもらえるのですから、すごい時代です。「クラウドファンディング」という仕組みをご存じでしょうか?

「クラウドファンディング」とは?

インターネット上で、出資プロジェクトに関する説明を読み、賛同すれば出資を行なう仕組みです。不特定多数の人から、ひと口1000円~2万円くらいの出資を集めることができます。出資プロジェクトの分野は、「社会運動」「ベンチャー企業の新事業への出資」「発明品の量産」「芸術家の支援」等、多岐にわたっています。その半数は「貧しい○○国の子ども達にワクチンを届けたい」といった社会事業ですが、「□□という便利な商品を開発したので、商品化に協力してほしい」という事例(例:5000円を出資してくれた

おもなクラウドファンディング

「READYFOR（レディフォー）」	https://readyfor.jp/
「CAMPFIRE」	https://camp-fire.jp/
「Makuake（マクアケ）」	https://www.makuake.com/
「ShootingStar」	http://shootingstar.jp/

ら、でき上がった商品をひとつ送ります）も多くあります。

メリットは、ＰＲ力と「ファンを集められること」

クラウドファンディングで集まる出資総額は、ひとつの案件につき数万円〜２００万円とさまざまです。クラウドファンディングという資金調達方法が社会にしっかりと根づけば、集められる資金額は増えていくでしょう。メリットは金額だけでなく、ネット上の専用ページを通じて事業内容を分かりやすく説明できるＰＲ力、その哲学や活動に賛同してくれるファンを集める機会になることも見逃せません。

Column

経営者に一番大切な「自分を信じること」

もし、経営がうまくいっていないとしたら。そもそも「売上が上がるだろうか？」と、経営者であるあなた自身が心配していませんか？

経営者は、「自分なら大丈夫」と信じることが大切！　信じたもの、イメージしたものにはなれますし、成功するイメージがなければ売上も上がりません。

成功する経営者には、まわりの 99 名が大反対しても「絶対、成功できる」という強いイメージ＝信じる力があります。

あなたがもし思うような成果に達成していないのであれば、「できない、かもしれない」と思っているのではないでしょうか？

「できないかも……」と思うことは、おそらくできないでしょうし、「絶対にできる！」と思ったことは、時間はかかってもきっと成功するでしょう。

経営者も結局は、「精神力」が大切なのです。多くの起業家さん、経営者さんに接していて、それを強く感じています。

Part 8

新しい事業をつくりましょう

8-01

新しい事業を生み出す12のアイデア①
「引き算」＋「かけ算」＋「旬を足し算」

新しい事業をつくるアイデアを12個、ご紹介しましょう。

①ふたつを「かけ算」すると、新しい！

2つのものをかけ算しましょう。動きやすいズボン、女性らしいスカート。女性には、機能性と女性らしいオシャレ、どちらの要素も欲しいですよね。だから、スカートなのに股下が縫われている「ガウチョパンツ」が大ヒットしたのです。昔からあるキュロットなのですが、丈を長めにしてワイドパンツの要素を取り入れています。

②「旬」の考え方で、一部をちょっと変える

「旬」を取り入れると、「あるようでなかった新商品（サービス）」になります。先ほどのガウチョパンツは、ほとんどスカートに見える「スカーチョ（スカート×ガウチョ）」

という新分野ができました。「そうそう、こういうものが欲しかった」と生まれ変わります。

③両方のよさを生かせる「ユニセックス」は、ちょうどいい

男女共用（ユニセックス）、という商品のつくり方は、男女どちらにも好かれる「中間」という意味で、今後、より脚光を浴びるでしょう。「女性がひとりで、牛丼の吉野家に入る」「男性がひとりでパフェを食べに行く」。これらが普通の光景になってきましたから、「男女ともに好かれる」は不可欠。スターバックスコーヒーは、まさにこの路線を選んで人気を博しました。

④「切り捨てる」のが、これからの時代らしい（引き算によるシンプル化）

モノを取捨選択し、必要なものだけを残す。この「なくてもいいもの」を切り捨てる「シンプル化」によって、新しい商品ができ上がることがあります。たとえば、財布がそのままポシェットになったバッグが若い女性に普及しています。バッグの中に財布やハンカチ、あれこれを詰め込まなくても、商業施設のトイレに自動乾燥機が整備された時代には、持ち歩くものは財布とスマホだけでいい。それなら財布に紐をつけて薄型バッグにしてしまう。時代の変化にマッチした、引き算です。

8-02

新しい事業を生み出す12のアイデア②

「コーヒー豆は、カフェで売る」

⑤「コーヒー」を売るために「カフェ」を開く、の発想

商品を売るために、実演販売の場を作り、その場で商品を売ってしまう。日本茶を生産する農家が日本茶カフェを運営したり、パン屋がより高単価なパンで販売するためにカフェスペースを併設する等。

⑥サービスを提供する「年齢層」「ニーズ」を変える

家庭教師を派遣する会社が、子ども向けに家庭教師を派遣する仕組みを構築。これからは裕福な高齢者が増えることを見越して、高齢者向けに趣味（ピアノやバイオリン）の講師派遣をはじめた。登録した講師を派遣する仕組みを活かして別事業をつくった例ですね。

⑦「お客様の声」を商品化する

よくある成功パターンですが、「お客様からの要望」をそのままサービス化する、欲しいと言われた商品を仕入れることで、新事業みたいなものができる場合。ポイントは、お客様がおっしゃっていることをそのままでなく、「本当は何が欲しいのか?」をよく理解して、お客様が喜ぶことを商品化すること。

⑧今までの事業を組み替えて、「特別パッケージ」にする

「特別パッケージ」にすることで新たな需要を生み出すことができます。たとえば、高級ホテルが、大会場を「結婚式場」として、またはビジネス仕様で「会社説明会の会場」として貸し出し、通常の宿泊プランとは別事業として収入を得ていますね。お花屋さんや雑貨屋さんも、通常の業務より、婚礼用、葬祭用等の式典向けビジネスのほうが儲かるかもしれません。同じブーケでも、「誕生日用」にはいい値段がつきますね。

8-03

新しい事業を生み出す12のアイデア③「歴史を動かすのは、異業種からの参入者」

⑨業界にある常識の「すべて逆」を行く

業界には「普通はこうあるべき」という常識があります。多くの場合、その常識がだんだん古くなって、新しい挑戦者が勝っていく、という歴史があります。新しい挑戦者が何をするか、それは「業界の常識をぶち破る」こと。たとえば、銀座や青山にある「俺のイタリアン」という立ち食いイタリアンレストランは、高価な料理をセルフサービスで食べることで人件費を抑え、低価格を実現して爆発的な人気を博しました。常識の「真逆」にはビジネスチャンスがあります。

⑩「異業種」の考え方を取り入れる

高齢者向け通所介護、デイサービスは従来、福祉の観点で簡素な造りとなっていました。しかし最近では、まるで「カフェ」のようなオシャレさを取り込む施設が増えています。

たとえば、もともとホテルマンだった経営者が、ホテル業界出身の感覚から居心地のいい空間づくりに励んだそうです。

⑪「ネットショップ」で売上を拡大!

月並みですが、実店舗しかない場合、ネットショップの開設で売上が伸びそうです。特に、オリジナル商品がある場合は、ネットショップで世界各地へ商品を届けることができますね。

⑫「ネットだけ使ったサービス」に挑戦する

インターネット網が整備され、世界各地と安価に通信ができるようになりました。そこで、これまでは「対面」でしか成しえなかった事業も、「ネット映像と電話だけ」でできるようになりました。たとえば、オンラインで会員組織を運営したり、ネット無料電話であるSkype(スカイプ)だけでカウンセリングを行なうことができます。「そのための部屋」を持たずに、「ネットだけで会話をする」ビジネスも増えつつあります。従来であれば、「電話で占い師に占ってもらう」というビジネスがありましたが、これをパソコン上で相手の様子を映像で見ながら行なうことができます。

8-04

ドキドキする「フレッシュさ」をアピールしよう！

人気が出る会社は、安定した売上をつくるビジネスだけでなく、常に「新鮮さをアピールする事業」をつくり出しています。いわゆる「旬」な事業です。芸能人を見るとわかりますが、いつも話題の中心にいる人は「旬な話題」をつくり出していますね。

ビジネスも一緒で、やはり注目されないと人気が廃れてしまうんですね。あなたも、近所のおいしいパン屋さんへ新メニュー（たとえば、苺の季節に苺ソースがたっぷりかかったデニッシュ）につられて入店し、結局、あんぱんも買って帰ることはありませんか？

ひとり起業家にも「新鮮さをアピールする事業」があると、お客様が常に来店してくれます。ファッションにたとえると、いつも着る定番アイテムと流行りのアクセサリー。もちろん前者が本業で、後者が「新鮮さをみせる事業」です。では、「フレッシュで旬な事業」とはどのような事業でしょうか？　たとえば、次のようなものです。

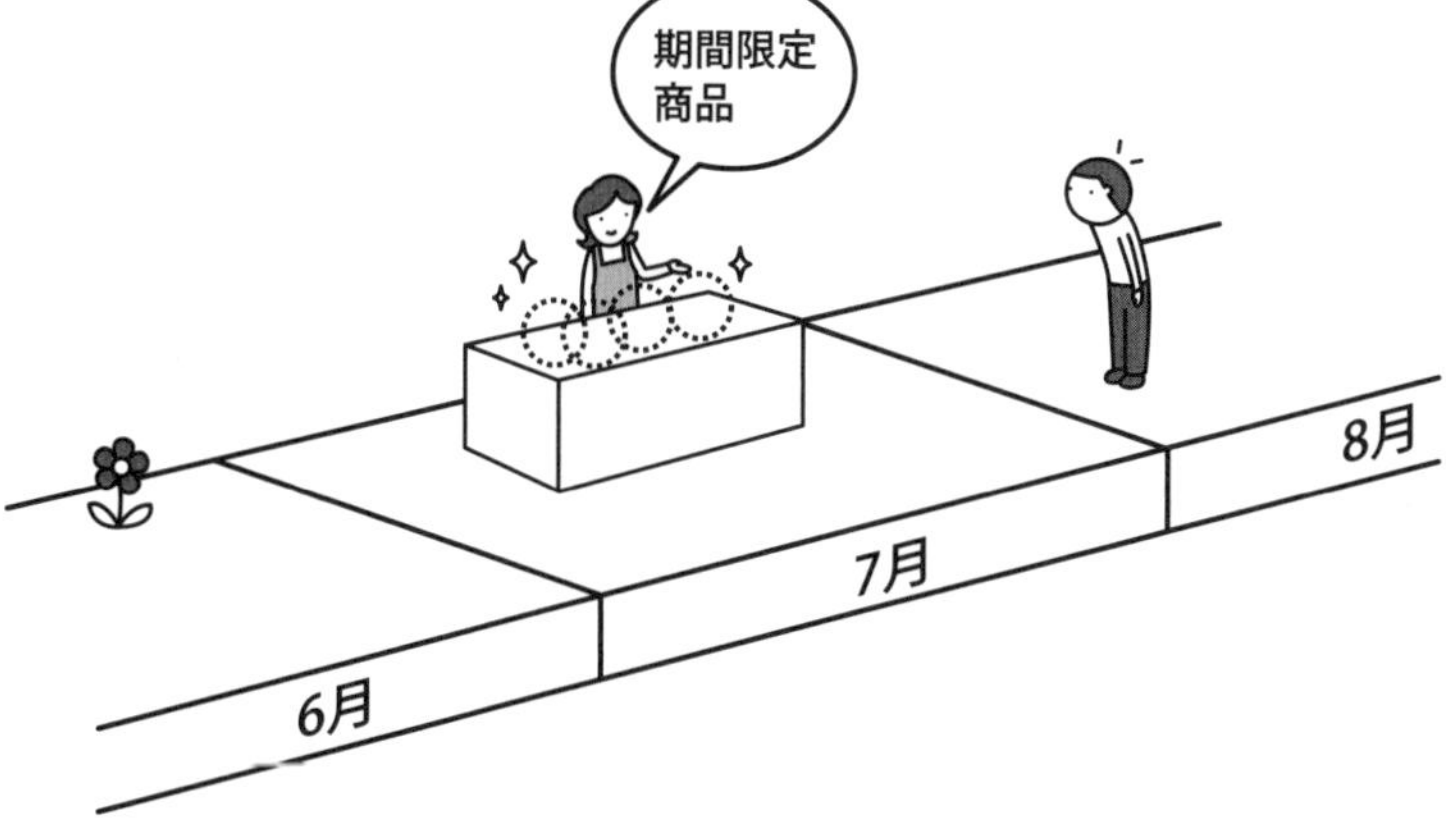

・野菜をネット販売している農家：若手農家が集まり、無農薬野菜イベントを共同で開催
・インテリア雑貨店：初夏に、「竹」を使って盆栽をつくるレッスンを開催
・カフェ：7～8月限定で、高知産真っ赤な完熟トマト食べ放題の冷やし中華

利益については安定的な事業で稼ぎ出すので、「新鮮さをアピールする事業」に多くの利益を求める必要はありません。「パッと出して、さっと売上をつくり、旬が去ればサッと引く」イメージ。いつも何か「新しい」があると、お客様はドキドキ、ワクワクあなたの店に通ってくれます！

8-05

あなたの「楽しい」を基準に！

新しいものは、いくらでも生み出せる。漫画家・イラストレーターでありながら、テレビ「タモリ倶楽部」に出演したり、「どんなお仕事をしている人だろう？」という不思議さがハンパない、みうらじゅんさん。生み出した「マイブーム」という言葉は1997年に新語・流行語大賞のトップテンに入賞、「ゆるキャラ」ブームの生みの親です。著書『「ない仕事」の作り方』にもありましたが、誰も考えていなかったことを生み出してブームをつくるために、雑誌やテレビ関係者にじっくり企画を持ち掛けることを繰り返してきたそう。まさしく自分自身の「個性」と「脳ミソ」を武器に、新しい分野を創り出すクリエイターです。その活動の動機は「評価」されたいためでなく、とにかく「発表」したいという気持ちだそうです。

純粋な「楽しい！」が、これからの新事業

私見ですが、これからは多くの仕事がロボット化され、人は余った時間をさまざまな「娯楽」に使うようになると思います。「楽しいこと」に、時間とお金をつぎ込む時代の到来。こんな時に、みうらじゅんさんのように「楽しいから、没頭する」という事業のつくり方は、正しい方向性になるでしょう。

新規事業のアイデアは、ノートの上で練ろう

新しい事業を考える際、頭の中だけで考えていませんか？　新しい事業を思いついたら、ノートに浮かんだ「言葉」や「イメージ図」をどんどん描きましょう。それはあなただけの秘密のノート。思いつくまま書き綴っていくのです。最初は、それを誰かに見せるのは止めましょう、誰かに見せるとなると素敵にまとめようとしてしまうから。手を使って描くことで、自分の頭に入って覚えやすくなります。また脳がスッキリしてくるので、同じことばかりを考える堂々巡りを防ぐことができます。

そして、事業の「軸」が見えてきて、事業をいよいよ始動させる時にはたくさんの人に話してアイデアを集めていきます。そのアイデアを組み合わせるのは経営者自身。事業の「軸」がブレないように、新事業をつくりあげていきます。

8-06

事業分野は4つの方向から見極めよう！①「シナジー」と「売上の天井」

新しい事業をはじめる場合、次のような4方向から眺めて見極めましょう。

①既存事業とのシナジー（相乗効果）

すでに運営している事業とのシナジーを起こして売上を拡大できるかどうか。まず見極めのポイントは、既存事業のお客様が新商品・サービスを買ってくれるかどうか。お客様が同じ層なら、お客様を一から集める労力が半減しますのでメリット大。たとえば、「ペットショップが、トリマー（犬の毛カット）事業をはじめる」例。この場合は愛犬を購入した後、定期的に犬の毛を刈りに来てくれるでしょうから相乗効果が見込めますね。

②売上高の限界

事業には、売上高の限界があります。「天井」を確認する計算式を見てみましょう。

売上の「天井」は？

カウンター席６席、テーブル２つ（４席×２）のレストランが、新しく音楽ライブ事業を開始

料理代と別に、ライブ代としてひとり当たり2,000円もらうなら。１回のライブで最も総額が高くなるのは……

2,000円×14席（6席＋４席×２）＝２万8,000円

ライブミュージシャンに売上の４割を払うとしたら、主催レストランの取り分は……

２万8,000円×60％（0.6）＝１万6,800円。


この金額が高いか安いか？　ライブミュージシャンがレストラン経営者の妹、みたいな感じで頼みやすければメリットがあるでしょうが、宣伝に手間がかかれば見合う売上高に満たない可能性も。

ケーキづくりが得意なカフェが、かわいくておいしいクッキーを開発。１店の実店舗を起点にネットショップで新クッキーを販売する

今の人件費を維持したままだと、クッキーはどれくらいつくれるのか。それをラッピングして、いくらで販売するのか。１週間に何箱分をつくれるのか？

その「１箱の値段」×「１ヶ月につくれる箱数」が、クッキーのネット通販事業によって新たに増える売上の上限金額

8-07

事業分野は４つの方向から見極めよう！②

「スタートに必要なお金」と「土地勘」

③事業スタートに必要な資金（開業資金）

既存事業があるなら、2、3番目にはじめる事業はごく少ない資金ではじめられるものをおススメします。小資金ではじめられるのは、仕入れがほとんど必要ないサービス分野。サービス業といっても、新たな家賃が発生せず、売上に比例する人件費（時間制パート労働や売上の増減に比例して変動する人件費）だけのタイプのもの。既存事業が勢いに乗っていると、2番目の事業（または店舗）にお金をかけがちになってしまいますが、私はそれをあまりおススメしません。なぜなら、別事業にお金をたくさん投じたからといって、それに応じた売上が立つとは限りません。できれば小資本ではじめて、最初にかけた以上の利益を上げてお金を回収するのがベストでしょう。そして、2番目の事業が伸びて、「これは、イケる！」と経営者が判断すれば、そこで資金を再投入して大きな事業に仕上げていくことができます。

④経営者の新事業への「土地勘」

ここで言う「土地勘」とは、経営者自身がその事業分野をよく知っているか、ということ。または、経営陣にその分野に詳しく、事業を具体的にイメージできる人がいるかどうか。新事業を行なうにあたり、まったく新しい人材に頼ることはおススメしません。その人物のことがはっきりわかっていない段階で多額の資金を投入すると、その事業が失敗した際に資金も人材も、何も手元に残らなくなるからです。

新分野は、顧客を増やし、利益をアップさせるためのもの。じっくり見極めましょう。

8-08

苦労して得たノウハウは、「教える」とお金をもらえる

「過去に、時間をかけて真剣に取り組んだこと」を教える、という事業アイデアがあります。さまざまな「教える」事業が増えている理由は、以前は大きな教育企業がたくさん先生を雇って教えていた分野を、個人の先生が伝授できるようになったから。インターネットを使えば、遠隔地までノウハウを届けることができます。「教える」仕事は、80歳でも活躍している人が多い、息の長い分野です。

多岐にわたるテーマ。何だって「教える事業」になる!?

教える分野は、驚くほど多岐にわたっています。「そんなことを知りたい人がいるの？」という分野もありますが、「どうしても知りたい人」がいるのです。いかにも「教育」「研修」という分野だけでなく、次のようなテーマもあります。面白いですよね。

- 飼い犬が優しく穏やかになる、しつけ法

- 彼氏が見つかる、洋服コーディネート術
- 3ヶ月で結婚相手を見つける体験談とノウハウ
- 新規顧客が獲得できる営業トーク
- たくさん食べても、1ヶ月で痩せる方法　等

ノウハウを獲得するには、痛みを伴う「経験」と多くの「時間」がかかります。「すごく苦労して手に入れたノウハウ」をお金で買えるなら、安いものですね。

「教える」事業は、モノを販売する事業と相乗効果がバツグン！

あなたが今まで努力して克服したこと、血がにじむような工夫によって成功できた何か、はありませんか？　たとえば、「10年間経験して、達成した分野」は売れます。ただ情報には「旬」がありますので、ノウハウを体得したらすぐに体系立てて売ってしまう、というのもお客様のためになるでしょう。

このような「教える」事業は、モノを販売する事業を行なう人にもとても有効です。たとえば、手芸品を売るお店が商品のパーツを使った手芸教室を開くような場合。また、ハンドメイド作家がつくり方を教えることもできますね。インターネットで個人でも集客しやすくなったので、「教える」事業は今後も盛んになっていきます。

8-09

心が震えるほどの憤りを解決する仕事をしよう

心が震えるほどの憤りを感じたことはありますか？

女性が事業分野を選ぶ時、もし迷ったら、より「憤りを感じていた」、「同じように不満を抱える人を救いたい」と強く思う分野を選んでください。「怒り」や「憤り」のパワーは、事業を進める大きなガソリンになります。

育児、介護、癒し分野の女性起業家が多いのは、女性に負担がかかっているから

女性は、家事、育児、介護を期待される場面が多いですよね。「なんで女性の負担が多いのかしら？」とやり切れない思いを抱える瞬間があります。そんな憤りをビジネスに変えている女性は賢い！「怒り」を元にビジネスをして、誰かを助けて、おまけにお金をいただくなんて、なんと素晴らしいことでしょう。女性が女性に向けてサービスを提供す

「困った！」をそのままビジネスにして成功した例

◉耳の不自由なオーナーが、手話でコミュニケーションできるバーを開いたら、大繁盛
◉保育園に入れない待機児童が多い地域に、託児所併設型コワーキングスペースをつくる
◉雪が深い山あいの田舎町へ魚を届ける移動販売車に、おばあちゃん達が大感謝

私が「自宅まで伺う、出張コンサルティング」というサービスをはじめたきっかけは、子どもが乳幼児の時に「誰かに仕事と育児の両立の不安を相談したい」と切望したことを思い出したからです。あなたの「憤り」には、共感する人が信じられないくらい多くいるのです。「不公平じゃない？」という場面に遭遇した時に、泣き寝入りするか、「それなら私が世の中を変えていこう」と思うか。ここが起業家になるかどうかの分岐点でしょう。

る、家事代行、保育施設の運営、ベビーシッター派遣、介護レクリエーション、お総菜屋さん、出張型マッサージ。お客様の悩みや愚痴を聞きながら手を握ってネイルを塗ってあげるサロンなんて、完全な癒しサービスです。

「号泣するほど困っている点」を一番の強みにする

前著にも書きましたが、「自分が困っていること」は他の人も困っている場合が多いので、ビジネスになります。なぜなら、「困っている」のは、必要なサービスを提供している競合が地域に存在しないから。「こうありたい」という願いとビジネスがうまくマッチする例は多くあります。

8-10

商店街の時計屋が潰れない理由は「○○」

どこでもお店の入れ替わりが激しいことは、よくご存じでしょう。人通りの少ない商店街、あそこの店は潰れたのに、どうして閑古鳥が鳴いているあの店は毎日オープンしているのだろう。不思議に思ったことはありませんか？「お客さんが入っていないのに、なぜか潰れない店」には、2つの秘密があります。実は、これこそ商売の肝。2つの事例を見ながら、「長く続く小規模経営」のヒントを探してみましょう。

全国から帽子好きが集まり、年商3000万円

渋谷や新宿という大都市ターミナル駅にある店ならつゆ知らず、ニッチな分野で生き残っている店はわりと近所にあるものです。JR川崎駅前大通り商店街にある「辻野帽子店」は創業1930年。お店に入店する人はまばらですが、年商は約3000万円。圧倒的な品揃えで、全国から帽子愛好家が訪れます。固定客は、500人（5000人のお客様を大

切にするというのは勇気が湧く数字ですね)。年に1~2回、1個3万円前後の商品を購入されるのだそうです。愛好家が集まる人気店の秘訣は、「顧客ひとりひとりにフィッティング、合ったサイズにお直し」サービス。一般的には帽子はフリーサイズなので、自分のサイズに直してくれるサービスは愛好家には嬉しい限りでしょう。

商店街の「時計店」の場合

商店街の奥まった場所に、いつも電気が灯っている「時計店」があります。店内に売り物の時計が並んでいますが、インテリアチェーンの格安でおしゃれな時計が増えた現在、商品はやや高く感じられます。どのように収入を得ているのでしょうか？　この時計店の店主は2代目で、著名な時計メーカーで時計に関する技術を学びました。確かな時計の「修理」技術があり、大切な時計が壊れてしまった人が駆け込む店となっています。また、ショッピングセンターの時計店からも「修理」を請け負っています。毎日、店の奥でたくさんの時計を修理しているのですね。ちなみに、時計店の2階が自宅なので、家賃の心配はありません。モノでなく、「修理技術」が売れているのです。

熟練の「技術」サービスは、モノに比べて廃れにくい。「昔ながらの技術を持った人」は年々数が減っていく反面、いつまでも「修理」というニーズは絶えないのです。

8-11

ロボット販売員に対抗する「カウンセリング型」ビジネスモデル

人工知能（ＡＩ）やロボットが、販売員やレジ打ちの仕事をする時代が来るでしょう。英オックスフォード大学が２０１３年に発表した『雇用の未来―コンピューター化によって仕事は失われるのか』という論文によれば、「今後10～20年で、米国労働者のすべての仕事のうち約47％は、機械によって自動化されるリスクが高い」。ＡＩやロボットに取って代わられる仕事は、データ分析によって行動の予測が可能なもの。これまで人力で行なわれた反復作業や細かい確認作業、力仕事は、ロボット化されていくでしょう。ロボット化できる仕事は、資本力のある大企業がスケールメリットで奪い取っていくに違いありません。そんな中、ひとり起業家や中小企業の勝ち残り策は、「大手企業によって機械化できない」ビジネスモデルに転換していくことです。

自分の目で見て、脳ミソで分析する売り方

デフレ経済でよい物を安く売る工夫を考えてみましょう。たとえばアパレルの場合、「これくらいの価格なら買う」という感覚値が年々下がっています。それは、ファストファッションブランドが毎年デザインの質を上げてきているから。もう他店と同じような商品では、ネットショップとの価格競争となり、安くしても、他店がもっと安く売るという泥仕合に突入してしまいます！

今後はＡＩがインターネット上でも浸透し、基本的なデータ分析は機械にかなわなくなる。そこで、勝ち目があるのは、販売者が自分の目で見た情報を分析し、勘を働かせて、売り方を分析すること。たとえば、来店した奥様の洋服を見て、色の好みやどのような用途で着るのかを分析し、お客様の「心」を理解するこの「カウンセリング販売」は、ロボットにはできないこと。「お客様の心を聴く力」が必要とされます。

機械化の問題点を突く、ビジネスモデルはやっぱり「人」

機械（ロボット）化が進むと、新たな問題点もあります。それは、機械の「故障」。自動車という機械の場合も、「整備、修理業」だけで商売する小規模事業者も多く存在します。マニュアルにはない人間の「機転」は、ロボットには組み込めない。機械化された仕事を繁盛させる秘訣は、「もしもの時に、手厚い、諦めない『人』のサポート」です。

8-12

観光大国ニッポンへの変化に、乗り遅れるな！

いま、日本経済はその収入源を大きく変えようとしています。人口が減少し続け、デフレに陥っている日本は、内需が減っていくでしょう。それに対し、東京オリンピック開催も相まって、海外からの多くの旅行客を受け入れる体制は政府や大企業だけでなく個人によっても整えられています。年々、海外からの観光客数も増えて、観光大国への道を歩みつつあるのです。

２０３０年には、日本のビジネス構造がガラリと変わるでしょう。「旅行客」に売る体制を整えられるかどうかで、業界内の売上高順位が大きく変動します。なので、大企業から中小企業まで、この「海外からの観光客」を取り込むビジネス構築に必死です。これまでなら、「日本に住む人に、どのようにウケるか」を考えていた人たちも、「日本らしさ」を活かした商品・サービスづくりにやっと本気になりました。これは、地方都市にも強みがあります。欧米文化や最新のスタイリッシュさを追求する国内需要とは違い、「日本の

日本らしさを売るビジネスの例

お抹茶や団子が食べられるけれど、コーヒーも飲めるカフェ

自宅の空き部屋を民泊サービス「Airbnb」で貸し出し、書道ができる家族が書道教室を提供して差別化する民泊サービス

アクセサリーづくりが得意な人が、着物の生地や漆器パーツ、和紙、ちりめんを使ったアクセサリーをつくって売る

……など

訪日観光客　国別ランキング（2015年）

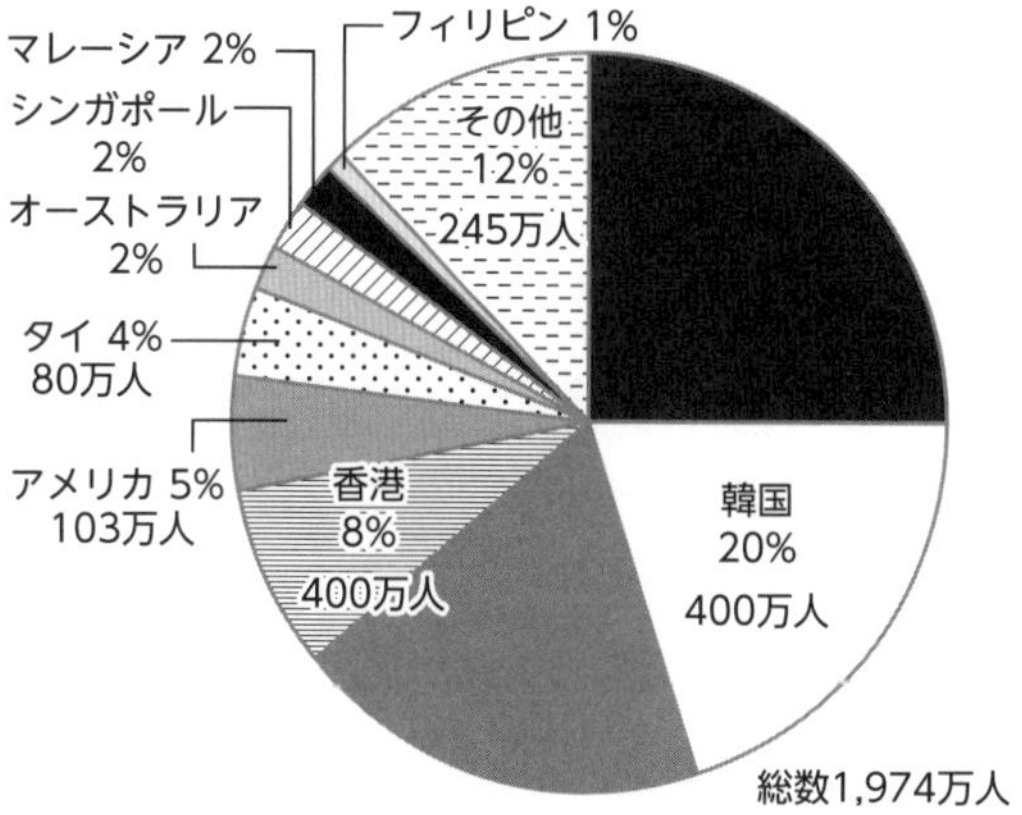

参考：日本政府観光局（JNTO）
＊１年間の訪日人数。概算値（万人以下は、四捨五入）

伝統技術」や「昔ながらの日本」を商品化できるからです。

さて、ひとり起業家もうかうかしていられません。海外からの旅行客へのビジネスで、大儲けできるチャンスがあります。一躍、ビッグ起業家に変身する人が続々と出る時代になるのでしょう。そもそもお金を持つ「お客様」がガラリと変わりますので、その方々が好む商品・サービスをつくることができれば、まったく新しいビジネスが展開できるのです。

ひとり起業家や家族経営でもはじめられるビジネスを考えてみましょう。特に、日本文化や伝統技術を活かす分野、「日本の家庭らしさ」を売る分野です。

8-13

後からはじめた事業が売れた場合は、切り換えよ！

最初にはじめた事業がうまくいくとは限りません。私の感覚値ですが、最初にはじめた事業の50％は、あまりうまくいかない場合が多い。数年後にじわじわ売上が上がってくるパターンも存在しますが、それまで資本的な体力がもつかどうか、という問題があります。経営者にとって、「すぐに売上をつくれる事業」はとても大事です。その点については、Ｐａｒｔ７で詳しく説明していますが、「１日でもはやくキャッシュを生む」ことが、起業初期の体力維持につながります。だから、うまくいく事業を常に探さなければならないのです。

「後からはじめた事業」のほうがうまくいく場合

後からスポット的にはじめた事業に人気が出たら、チャンスの波を見極めて乗り換えましょう。それで大きくなった会社が、いっぱいあります。やはり経営者としての「審美眼」

も出てきますし、「こっちのほうが売れそうだな」という嗅覚によって選ばれていくものには、将来性があります。売上をより伸ばせるものがあれば、思い切って、そちらを本業に据えることも、経営者として正しい判断でしょう。

ごく身近な例では、「ラーメン屋が手づくり餃子を売っていて、ラーメンよりも餃子が売れるので、餃子専門店になった」というケース。ラーメンをズルズル（シャレではありません！）販売していると、売れないものの仕入れを続けることになります。「餃子が売れるから、餃子屋に変更してしまおう」、ラーメンの修行を長く続けた人なら、普通はプライドが傷ついてしまいそうですが、そんなことは問題ありませんし、恥ずかしくもありません。餃子専門店として成功したラーメン職人、なんて素敵です！

これは、イメージ戦略でも同じ。起業家ではありませんが、ある歌手の例をあげましょう。最初はカントリー調のカッコイイ洋服だったある女性歌手は、歌唱力がある実力家なのになかなか名前が認知されませんでした。そこでファッションをかわいいミニスカートに変え、髪型もボブカットにチェンジ。動画へのアクセス数がとたんに増え、人気が上がったそうです。これはイメージ戦略を「後から」の成功例に変更した例ですが、事業アイデアでも同じことが言えるのです。

8-14

よいものを「安く」提供する方法とは？

現在、日本国内ではデフレ経済が進行中。日本生まれの100円ショップでは日用品・文房具（一部衣料、家電、園芸）、同じく日本発のユニクロから派生するGU。年々既製品が安くなる、デフレの波は止まらないでしょう。これは、海外旅行客が日本で買い物をしてくれる理由のひとつでもあります。自分の国で購入するより、東京や大阪、福岡の繁華街で買うほうが安いから。東京の高級ブランドブティックにも、中国人が好む赤色を取り入れたバッグや洋服が多く並んでいます。デザインや装飾も中国人が好む派手で大ぶり。日本人が1980年代から、憧れの西洋フランスやイタリアに行って高級ブランド店でブランド物を買っていた時代に似ています。

高品質と低価格の両方が求められる日本では、「よいものを安く提供できる仕組み」がつくれるかどうかが、経営者の手腕となりつつあります。

さて、よいものを安く販売できる店には、以下のような3つのパターンがあります。

①独自の仕入れルート　安くて人気の店には、独自の仕入れルートがあります。たとえば八百屋の場合。実家が農家であれば、都会で「産地直送」の八百屋が開け、卸売り業者へのマージン（手数料）なしで、安く提供できます。究極を言えば、実家の農場から宅配業者を頼らず、自分の軽トラックで運べば運送費が安く済みますね。

②少ない人件費　仕入れ値は同じでも、販売にかかる人件費を安く抑えれば、販売価格を安くできます。たとえば、レストランでも食べ放題ビュッフェ方式にすれば、ウェイターの人件費が最小限で抑えられます。レジ打ち時間を減らすため、「6種類のランチメニューは1000円均一」というレストランがあり、1000円札のみで、おつりを返す時間が短縮されています。

③限られた商品、「安く仕入れられたもの」だけを売る　チェーン店のように巨大な購買力があれば、いろいろな商品を安く仕入れることも可能ですが、ひとり起業家には難しい。そこで、「安く仕入れたものだけ」売るという手堅い商売がいいでしょう。商品数は限られる「今日はコレが安いよ」商法で、「売り切れ御免」。常連客の動きを見て商品を変えましょう。

この3つを組み合わせられる事業があれば、ひとり起業家でもしっかり利益を出せます。

Column

「海外旅行」「遊び」でアイデアがひらめく

海外での経験を、日本でビジネスにするとヒットします。「ヨガ」「ネイル」「小籠包」「フラワーアレンジメント」「ファッション」「美容法」……など、女性が好きなものには海外から輸入したモノが多くあります。世界各地を旅行した際に、日本との違いにビジネスのヒントを見出す。デキる経営者ほど、「遊び」と「仕事」が直結しています。

そして、アイデアはすぐに形にしてサイトを立ち上げ、事業を行ないながら、ビジネスの完成度を高めていく。スピード！　スピード！　スピード！　柔軟な思考と臨機応変な対応で、「変化が激しい時ほど、ビジネスチャンスがある」と時代の波に乗ります。

Part 9

働き方と時間術

9-01

24時間つぎ込める同業者と同じことしちゃダメ！

「働く人」とひと言で言っても、たくさんの種類の人がいると気づいたのは、両立生活をはじめてからです。そのひとつの指標が「労働時間」。私は30代半ばまで、「24時間、仕事のことばかり考える」生活をしてきました。しかし1日8時間労働になってみると、「誰とも、同じ戦い方をしてはいけない」と理解しました。同じような名前の職種、いわゆる同業者は多くいます。しかし、同業種だからと言ってひとくくりにはできないのです。

「24時間つぎ込める人」とは戦わない

女性が両立生活をはじめて最初に驚くのは「24時間が自由に使えなくなったこと」。限られた時間でも同業者との競争は続きます。一番いいのは、「戦わない」こと。24時間つぎ込める同業者とまったく同じことをしても勝てる訳がありません。秘訣は、「自分なりの分野」を探して、戦う場所を分けて無駄な競争を避けることです。

私は、大手の外資系コンサルティング会社に勤めていました。その働き方はスーパーハードで、徹夜を厭わずに資料作成、出張先でのミーティングが深夜に及び、新幹線や飛行機で各地の企業様に伺って常駐させていただく。それは好きなワーキングスタイルでしたが、現在の私にできる働き方ではありません。ですから、先輩や同僚、コンサルティング業界で働く方々や同業者を皆、とても尊敬するばかりで、競争をしている感覚はまったくありません。人はそれぞれ、個性も特長もそれぞれだからです。

24時間 VS 8時間だけ使える人。その差は「不慮の事態に対処できる余裕」

24時間いつでも対応できる人が強い理由は、「不慮の事態にもすぐに長時間かけて対応できること」。その「余裕」の差なのです。つまり、8時間しか働けない人も、その「余裕」を生み出す仕組みをつくればいいのです。そのポイントは、

- スケジュールをギチギチに詰め込まないこと
- 自宅でできる作業を増やすこと（それなら、24時間で対応可）
- 「作業量」で売上が決まる仕事ばかりにしないこと

8時間労働でも、最高の成果を生む仕組みをつくりましょう。

9-02

仕事と○○を両立する「ちょうどいい」バランスとは？

この本の一貫したテーマですが、女性の人生は、3年おきに変化が訪れます。「このまま同じ生活が10年」なんてことはおそらく少なく、自分の体調や家族の健康状態や年齢に大きく左右されることでしょう。

仕事と○○（たとえば介護や子育て、もしくは趣味の副業）の両立バランスは、やはり3年おきに見直す場面が出てきます。仕事に100％注ぎ込める時期もあれば、仕事：家庭が50：50の時期もあるでしょう。介護や育児がはじまったばかりで慣れない時期には、仕事：家庭＝10：90なんてこともあります。

がんばりすぎるとボロボロに……

女性は30歳以降、「仕事に○○に」とがんばりすぎるとボロボロになります。私自身も子宮筋腫の手術をした時、そう実感しました。疲れが身体に病気として表われはじめるの

お仕事の比重は変化する

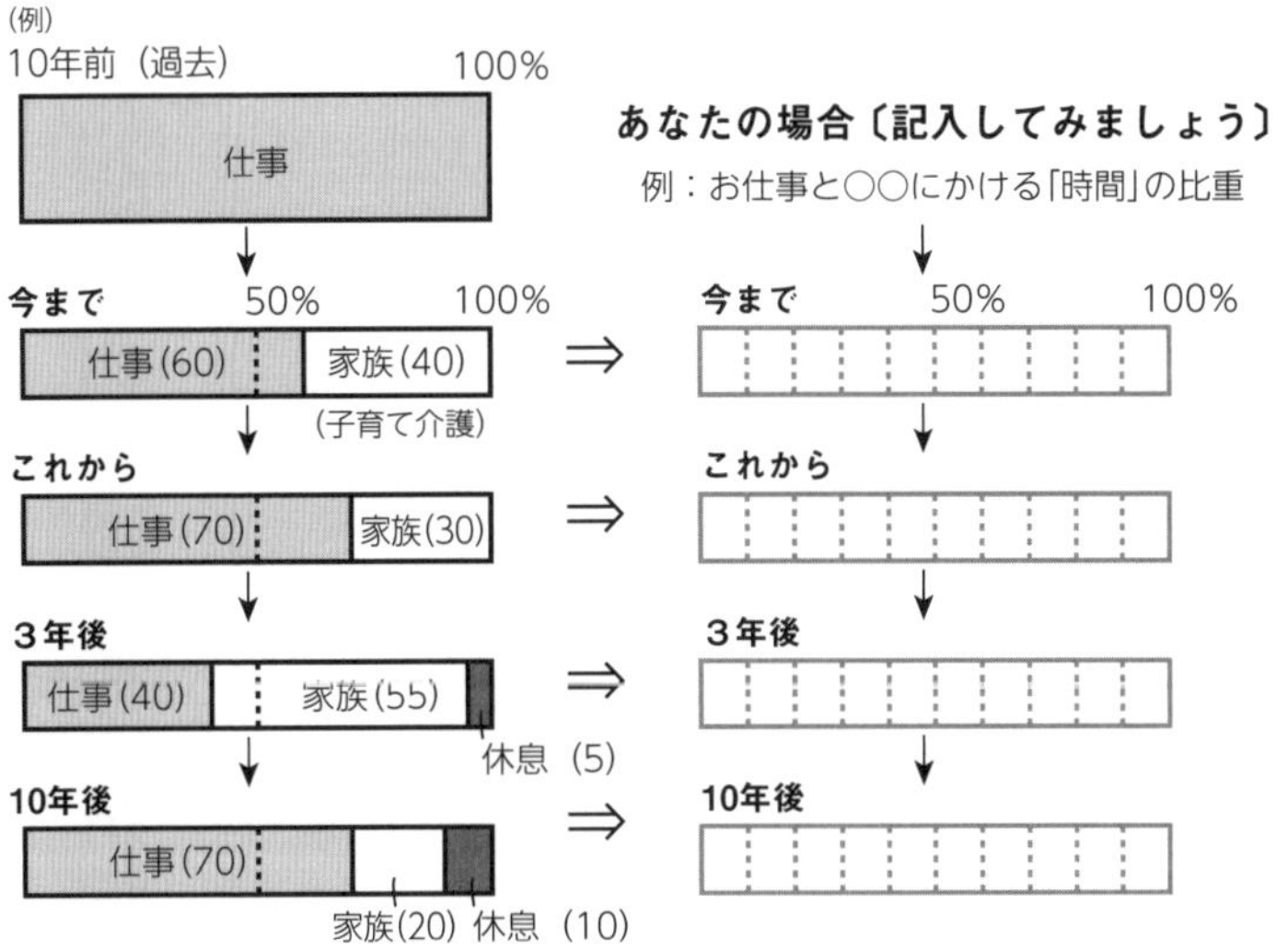

は、女性は40代から、男性の場合は50代からだそうです。男女では、がんばれる時期に10年間の差があります。女性は30代半ば以降、男性並みにがんばることより、身体を壊さない程度のバランスで仕事をするマネジメントが必要になるのです。

　だから事業経営もがんばり過ぎないことが大切。自分らしく、身体の調子をご機嫌にさせながら働いていくこと。そのためのバランスを考えてみましょう。上の図に、あなたのバランスはどう変化するか、書き込んでみましょう。

9-03

「15分、朝、諦める」が鍵

女性はライフスタイルの変化に適応していく必要があります、まるで地球中世代の恐竜の生態系のような適応ですが（笑）。両立できるタイムマネジメント（時間術）には、10の鉄則があります。「時短でも、しっかり仕事をする」ための、どんな人にも活かせる方法です。

①「15分間」単位の細切れ時間を活用する

仕事やプライベートの合間に、10～15分くらいの空き時間は生まれるものです。15分間でできることを挙げてみましょう。

メールのチェックと返信、提出する書類に必要事項を書き込む、電話をする、雑誌や新聞をチェックする、おにぎりとサラダを食べる（レストランの行列に並ばなくていい）など、たくさんありますね。

②「朝の時間」に仕事や勉強をする

朝の集中力は、夜の5倍くらいあるのではないでしょうか。特に午前4時～6時の早朝なら、家族はまだ寝ていて、近所も静かなので仕事も勉強もはかどります。両立する女性は、「朝時間」を活用すると、フルタイムの人と同じだけの仕事がこなせます。

③「諦める」勇気を持つ

両立する女性、特に主婦になったら、何かを「諦める」覚悟というか潔さが必要です。何でもかんでもは取れません。無駄なこと、してなくても成果が変わらないことは、たくさんあります。持ち時間は限られているので、「必要なこと」だけを厳選しましょう。

④短時間でできる「仕組み」を導入する

短時間でもできるシンプルな仕組みを導入しましょう。仕事についてはＰａｒｔ６、プライベートについてはこの章で詳しく説明しています。

9-04

「見える化」タイムマネジメント

⑤「期限」を区切る

すべての作業について、いわゆる「締め切り」を自分の中で決めましょう。締め切りがないと、どれほど優秀な人でもだらだらしてしまうようです。仕事が早い人は締め切りをしっかり区切っています。

⑥時間を計る

まず、どんな仕事が「何分でできるのか」を測定してみましょう。次にその仕事をする時は、タイマーを設定して集中してやると、思ったより速く仕事が進みます。

⑦スケジュール帳の活用

手帳やウェブ上のスケジュール帳など、スケジュールを細かく立てて、常に見えるようにしておきます。「いつまでに、何をしなければいけないか」を明確にすることが大切です。

⑧ＴＯ ＤＯリストを作成

両立生活をすると、やること（ＴＯ ＤＯ）が増えすぎて、書いておかないと忘れてしまいます。ＴＯ ＤＯリストをつくって貼っておきましょう。付箋に書いて作業する場所に貼っておく、付箋をノートに貼って持ち歩いてもいいでしょう。

⑨先送りしない、できる時にすぐやる

特に家族のことと仕事を両立している場合、「後でやろう」は通用しません。プライベートでは、思っていた通りに時間が運ばないのです。特に仕事面は、できる時にすぐやる。両立生活には「明日できることは、明日やろう」は通用しない場面が多いですね。

⑩協力者とのタイムマネジメント

協力者が多いほど、多くの事柄を同時進行できます。協力者とは同じスケジュール表を常に共有するなど、タイムマネジメントは工夫し続けましょう。

9-05

銀座ＯＬと同じことしちゃダメ！週２日はノーメイク・デー

私は、東京駅前の丸の内や銀座にいるＯＬさんを見るのが大好きです。色とりどりのファッションに身を包んだ姿は華やかで、その中にいると、まるで自分もその一員になったような気がしてきます。一方、「ここにいる人たちと同じことをやっていたら、身がもたないだろう」とも感じます。

素敵にブローした髪の毛、きれいにメイクをして、ハイヒールを履いて……以前は憧れた姿ですし、今でも憧れは尽きませんが、両立生活をはじめてみると、「ファッションに手をかけないことが、時短を生む」ことに気がつきました。なにしろ、女性はトイレに行くだけでも時間がかかります。「女性は、男性と同じ土俵で戦ってはならない」と感じたのは、トイレに行く息子についていった時のこと。男の子のトイレなんて〝すぐ〟で、心底驚きました（笑）。女の子は男の子より、メイクもオシャレもトイレも行儀作法にも何でも時間がかかるのです。

あえて行動範囲を狭くして、仕事に没頭！

そこで実感する時短の究極スタイルが、「ノーメイク」。巷には「ノーメイクでコンビニに行くなんてもってのほか」という殿方の鋭い指摘もありますが、「ノーメイク」で「Tシャツ」（またはワンピース）、「サンダル」くらい時短になるものはありません。究極はアレです、真夏のビーチで過ごす短パンにTシャツ。洗濯をしてもすぐに乾きます。

そこで1週間に2日は、ノーメイク・デーをつくっています（化粧をする時は、お湯ですぐ落ちるメイク下地を使っています）。オシャレに敏感な方からすると違和感があるでしょうが、ノーメイクだと自然と行動範囲も狭まり、時間もできて事務作業に没頭できます。

ある美人弁護士さんも著書の中で、デスクワークの日はまったく服装にこだわらないと書かれていました。その代わり、講演や取材の日はプロのメイクさんを頼んで勝負服を着るそうです。そういうスイッチのオン・オフが明確な生き方は素敵だなあと思います。

勝負するオンナは、オシャレもオン・オフをはっきり分けて時間を生み出しています。

9-06

「外注」と「機械」に頼って、経営者はしっかり睡眠を取ろう！

十分な睡眠を取ると、どんな人でもハッピーになれるそうです。心を健康に保つためにも、「外注」と「機械化」で時間をつくって、たっぷり寝たいところ。

日本の女性は、家事をがんばっています。日本では、女性が家事や子育てだけに尽くすことが美徳の時代があり、今でも女性が家事の大半を担っている場合が多いでしょう。私自身も実感していますが、女性が仕事、家事・育児・介護の全部を担うことには無理があります。

その一方、近隣のアジア諸国では、住み込み家政婦（兼ベビーシッター）がいる夫婦が多いそうです。香港やシンガポールでは、近隣国から出稼ぎに来る女性を住み込み家政婦として、月額5万円程度で雇える。だから35～44歳の女性でも90％が働き、共働きで家庭も仕事も充実させるのです。

日本では、家事の「外注」にはあまりいい顔をされませんが、「他人の手を借りる」と

家事の時短、５つの神家電グッズ

① **コンパクト食器洗い機**
「コンパクト」ながら、どんなキッチンにも設置可能。日本人女性の１日の食器洗い時間は 25 分弱！　と言われています。ヨーロッパ人なら「洗剤が少しくらいついていても大丈夫」というすすぎ具合だそう。機械ならお湯で洗ってくれるし、キレイになります

② **電子レンジ調理するシリコン鍋**
我が家の夕食は、火を使わず、電子レンジで調理できるシリコン製品だけでつくる日もあります。「ルクエ」「圧力鍋」等が便利

③ **フードプロセッサー**
主婦が野菜を切る時間は相当なものです。フードプロセッサーで刻めば、餃子やハンバーグもすぐ量産可能

④ **コードレス掃除機**
「コードレス」&「軽い」&「壁に立てかける」タイプなら、どの製品でもいいでしょう。183 ページでも書いているように、ダイソン製品が重宝します

⑤ **掃除ロボット**
「ルンバ」のように、自動で掃除をしてくれる機械をタイマーセット！

解釈してみるのはどうでしょうか。たとえば自宅介護は、言葉では尽くせないほど大変だと言います。外部の介護スタッフの手をどんどん借りたほうが、家族全員がハッピーな気持ちで介護ができるのはないでしょうか。家事にしても、専門業者に依頼したほうが「時間」と「自分コスト」を節約できるパターンがあります。掃除等、専門的な知識があると素早くできる箇所は、掃除専門業者に頼むと効果が長持ちしそうです。

日本では、仕事も一所懸命やりながら、家事も98％近く担当している女性が多いですね。実は、「時短」にも限度があります。倒れる前に、外注したり、上のような「機械」にも、どんどん頼りましょう。

9-07

「常備菜」「カット野菜」「3回分づくり」で時短 ～ずぼら家事のススメ 料理編

主婦の生活時間の多くを占める「料理」。安全でおいしいものを短時間でつくれるようになると、ハッピーになれます。私も日々、多くのスーパー主婦の技を勉強し、知恵をいただいています。料理の仕方やメニュー、使う調味料は、料理をはじめた最初の3年間で、ほぼ固まってしまうそうです。しかし料理の時短グッズや家電はどんどん進化するので、今後も日々、勉強を続けたいところです。

さて、料理の時短ポイントは、大きくは次の3つ。

食材を「すぐに使える状態」に準備しておくこと、「電子レンジ」の活用、一度に最後まで調理せず「仕込み→味付け」の2段階に分けることです。

具体的には、左ページを参考に。

時短料理のコツ！

◉休日に、１週間分の「常備菜」をつくる

１週間のメニューを決めておくと、買い物時間と調理時間の短縮になります。常備菜は、煮込み料理、乾物を使った副菜、刻んだ野菜、日持ちするサラダ等、保存しやすいもの。冷蔵庫に積み重ね収納しやすい四角いタッパーに入れておきます。

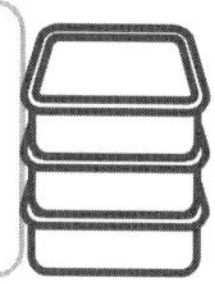

◉朝に調理してお皿に入れ、夜すぐ食べられる状態に

夕方まで働き、保育園にお迎えに行った後は料理する時間がないので、朝に調理を済ませてお皿に盛る。夜に帰宅後は電子レンジでチンするだけ。働く女性達のこんな涙ぐましい努力に私は舌を巻きました。今では、その真似をするようにしています。

◉野菜をカット、すぐ使える状態で冷蔵庫に保存

キャベツ、大根等の野菜は、使いやすい大きさにカットしてタッパーや袋に入れて保存。じゃがいもは、炊飯器でお米を炊く時にアルミホイルに包んで入れて蒸かす。適当な大きさに切って冷蔵保存すれば日持ちします。

◉いつも使う野菜は大量に刻んで、冷凍庫へ

スーパーで冷凍野菜を買えますが、自分でしっかり産地を選びたい場合は、一度に大量に刻んで冷凍用ビニール袋に入れて冷凍庫へ。人参、長ネギ、たまねぎ、キャベツ、きのこあたりを常備しています。ほうれん草や春菊、オクラも２～３回分まとめて茹でてしょうゆと鰹節やごまで和えたおひたし状態で保存すると、すぐに食卓に並べられます。

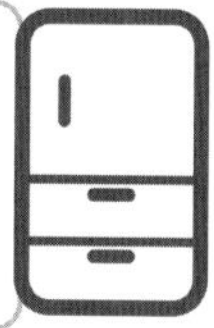

◉一度に３回分をつくり、冷凍保存する

我が家では、カレーやうどんスープ（肉と野菜入り）を大鍋でまとめて２～３回分つくり、タッパーに入れて冷凍保存します。ひじき煮やきんぴらゴボウも数回分つくっておくと、冷凍中に味がしみておいしいですよね。食べる日の朝、そのタッパーを冷蔵庫に入れておけば、夕方までに自然解凍されています。

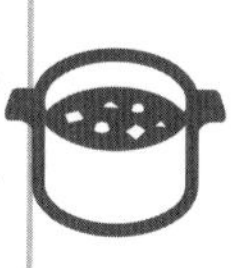

9-08

「たたまない」で「脳が疲れる時間」に効率よく 〜ずぼら家事のススメ 洗濯編

さて、次は「お洗濯」です。洗濯の時短には、5つのコツがあります。毎日発生する洗濯物、一番の時短法は、「自分でしないこと（他の誰かに委託）」ですが、そうもいかないので気を取り直し、5つのポイントを挙げます。

そもそも洗濯作業は、①「洗濯物を分別」、②「洗濯機に入れる」、③「洗濯機を回す」、④「干す」、⑤「取り込む」、⑥「たたむ」、⑦「タンスにしまう」という7つの工程に分けることができます。それぞれの時短法について、左ページで解説しています。

なお、洗濯は、基本的に「機械（洗濯機）」と「ひたすら手を動かす」作業です。この作業がよほど好きな人以外は、「脳が一番疲れている時間」にするといいでしょう。私自身も先輩主婦に「夜中に干すと、朝に乾くよ」と教えてもらいました。「夕方」や「夜間」は脳が疲れ切っているので、洗濯にはもってこい！　逆に、頭が冴え渡っている早朝には、洗濯よりも、仕事や読書、勉強をするとはかどりますね。

洗濯の時短ワザ

① 洗濯物を分別

② 洗濯機に入れる

③ 洗濯機を回す

④ 干す

⑤ 取り込む

⑥ たたむ

⑦ タンスにしまう

◆同じ種類のものを一度に洗濯機に入れる
同じ種類のもの（例：タオル、Tシャツ、靴下等）を干す作業は、毎回同じ。そこで工程④「干す」の時間を短縮するため、同じ種類のものは一度に洗濯機に入れます。干す際、タオル→靴下→Tシャツ→靴下とバラバラの順番にするよりも、大量のタオルを一度に干したほうが、あなたの立ち位置は変わらず、同じ作業の繰り返しで済みます。たとえば、「今回は、タオルとTシャツの日」と決めて洗濯機を回せば、干す作業がラク。同じ種類のものばかり1ヶ所に干してあるので取り込む＆たたむ作業もラクです。

◆同じ種類のものは、近くに干す
「靴下」ばかり、「タオル」ばかり、「Tシャツ」ばかり近くに集めて干すと、取り込む際にラクです。

◆たたまない！
⑤「取り込む」→⑥「たたむ」→⑦「タンスにしまう」という作業には、とても時間がかかります。私も最初は、取り込んだ洗濯物の山をふうふう言いながらたたみ、今度はそのたたんだタオルの山積みがバラバラと崩れてたたみ直したりして。そこで、もう洗濯物の半分は、たたまないことにしました。シャツ：（すべてハンガーに吊して収納）、子どもの洋服、下着：ハンガーに吊して収納します。干す段階で、すぐに収納用ハンガーに吊します。乾けば、ハンガーごとクローゼットに運ぶだけ！　また、洗面所やキッチンに置くタオルは、2～3枚を交代で使っています。乾いたらすぐに取り換えるので、⑥「たたむ」→⑦「タンスにしまう」という作業が発生せず、効率的です。

◆⑤「取り込む」と⑥「たたむ」は同時進行！
乾いた洗濯物を取り込みながら、たたんでいきます。何しろ乾いた洗濯物の山の前にどっこいしょと座る必要がありません。立ったまま作業すると速いですよ。たとえば、タオルばかりを取り込みながらたたんでいくと、タンスに一度にしまいやすくなります。また靴下は、洗濯物の山にすると「右の靴下がない！」と探し回ることになるので、角ハンガーに吊ってある段階で「相方（右と左）」を見つけて1セットにします。または、タンスのある部屋まで角ハンガーを持っていき、タンスの引き出しを開けた状態で、たたみながら収納してもいいでしょう。

◆洗濯の「回数」を減らす
作業時間を減らす方法は、回数を減らすこと。7つの過程はそれぞれ同じ作業の繰り返しなので、洗濯物の量が2倍に増えても作業総量は10分くらい増えるだけでしょう。1日1回のところを2日に1回にすることで、作業時間はほぼ半分になります。共働き家庭では1週間に1回まとめて、という場合も多いようです。

9-09

曜日ごとに掃除する場所を決める〜ずぼら家事のススメ 掃除編

毎日、お仕事で忙しい起業女子。「床掃除なんか毎日できる訳ないでしょ！」とボヤいちゃう。毎日ピカピカに掃除しなくても、「なんとなくキレイ」を保つ方法があります。それは、自宅やオフィスの構造を把握すること、汚れるポイントをおさえることです。

まず、自宅やオフィスの構造を捉える

どこの部屋や箇所をキレイに保つことが先決でしょうか？　たとえば、オフィスであれば、お客様が通るすべて。玄関、トイレ、廊下、応接テーブル、スリッパ。自宅であれば、家族が過ごす時間が長いリビング、キッチン、トイレ、寝室。これらが整っていれば、快適に過ごせます。

曜日ごとに掃除する箇所を決める！　今日はそこしか掃除しない！

曜日ごとの掃除場所の例

◉**月曜**……玄関
◉**火曜**……キッチンの水廻り
◉**水曜**……洗面所
◉**木曜**……寝室等
◉**金曜**……リビング
◉**土曜**……トイレ
◉**日曜**……お風呂、布団干し

持ち運びできる掃除道具を、汚れやすい場所に常備

ワイヤレスの掃除機を廊下やリビングに常備。私もダイソンのワイヤレス掃除機を愛用し、家事や仕事の合間に使用しています。また、汚れやすい場所に、クイックルワイパーやモップ、使い捨てハタキを置いておけば、気づいた時に掃除ができます

機械に頼る

お掃除ロボットに頼りましょう。また、機械が自動的にクリーンさを保つ換気扇やフィルター交換不要の掃除機等、手間いらずの家電も増えました

毎日掃除をするのがベストですが、忙しいとそれが難しい。そこで、曜日ごとに掃除する箇所を決めてみましょう。いつもどこかがキレイになるので気分も上がります。

汚れやすい「角」は、1日1回拭き取る

部屋の中で、特に汚れやすいところはどこですか？　たとえば、ホコリは部屋や廊下の「角」に溜まるので、「角」を毎日クイックルワイパーやティッシュで拭けば、ホコリを一度に取れます。

これらを、お仕事や他の家事の合間に「ながら」で行なうと効率がいいですよね！

9-10

自分メンテナンスの時短

「美容」や「ストレッチ」等、女性起業家には自分自身を大切にする時間が必要です。ついつい「人」のことばかりに時間をかけ、自分自身のメンテナンスができない。これは、起業家の悩みでもあります。

忙しい朝に「美容」はしない！

ネイルケアは、日曜日の夜にまとめて行なうと、「月曜日からがんばろう」と思えます。まゆげケアは、寝る前にサササッとすませてしまいましょう。

「お化粧」は、手抜きの度合いを3段階に分ける

174ページでも書いたように、お化粧は、「盛る」度合いを3パターンくらいに分けると時短になります。両立生活をはじめて、毎日の行動パターンを数種類に分けたところ、

「化粧の手抜きをしてもいい日」ができました。たとえば、お客様とお会いする日はばっちりフルメイクを心掛けますが、書類作成がメインの日はそこまでお化粧がいりません。ある有名なアナウンサーが「普段の日は、目だけ化粧をする」と言っていて開眼！　たしかに素顔でもアイラインを塗ってマスカラをしておけば、顔はちゃんと見えます（笑）

メイク道具は厳選し、使う順番に並べておくと、3分でメイクが完了

朝のほとんどの時間を過ごすキッチンにメイク道具一式が入った箱を持っていき、キッチンでメイクすると時短できます。

どれだけ忙しい朝も「10分間ストレッチ」

「心」と「身体」は通じているので、「身体」の調子を整えると、1日ハッピーな気分で過ごせます。そのために忙しい朝でも欠かせないのが「ストレッチ」。朝起きてベッドの上で行う「10分間ストレッチ」で身体もスッキリ。筋膜を伸ばして、血流をよくすると、首のコリが取れて頭に血液がいきます。

「両立のコツは、うまく手を抜くこと」と先輩女性から聞きました。プライベートでうまく手抜きをして乗り切った先輩方は多いようです。

Column

「音楽」で、たくさんの役割を切り替えよう

プロレスラーがリングに向かう際、それぞれの入場ソングがあるそうですね。それは、「強いプロレスラー」になるためのよい方法です。日頃は優しい目をしたレスラーも、そのテーマソングを聴くことで「強いプロレスラー○○」の気持ちになっていくのでしょう。

人間は、感情の生き物です。長年、「モチベーションはどのように上がるのだろう」と考えていますが、結局のところ「考え方」や「その時の気分」によるのではないか、とすら感じるようになりました。

女性は年齢を重ねるにつれ、誰かの「子ども」「妻」「母親」または「上司」「学生」「近所の主婦」等、いくつもの役割を担う場面が増えます。それぞれで「らしさ」があり、同じ気分ではやっていけません。それが「女性は、生まれながらの女優」と言われる所以でしょう。役割に応じた「気分」に切り替えることができれば、その多くはうまく回ります。起業家には起業家の「らしさ」、または親の身の回りの世話をする子ども「らしい」気分になるのです。

前置きが長くなりましたが、「気分」は五感への刺激で変わります。一番てっとり早い方法は、気分が変わる「音楽」を聴くこと。その楽曲は人それぞれですが、たとえば、

- 刺激的な企画書を書くには、ロック
- 作業を順調に進めるなら、スターバックスで流れるようなカフェミュージック
- 優しい子どもや親に戻るなら、ピアノやオルゴール音
- 明るい主婦になるなら、ハワイアンミュージックやボサノバ
- 落ち込んだ心を持ち上げたいのなら、小学生から18歳の時に好きだったナツメロ

……など

音楽を電子機器で手軽に持ち歩き、たった3分間でも聴くだけで、その役割に合った気分になれるのですから不思議なものですね！

Part 10

起業後の「法律」「特許」「法人化」のはなし

10-01

「契約書」はどんな時に必要？ その理由や「覚書」あれこれ

ビジネスをはじめると、さまざまな箇所で「契約書」に出会います。長い契約書から短い同意書まで、いろいろな書式がある約束事＝「契約」。

どの程度の契約書が必要なのか？　そもそも契約書は必要なものなのでしょうか？

商売のやり取りに、契約書はなくてもいい

「それを売ってほしい」「はい、どうぞ。〇円です」という、口約束も十分な契約です。ちまたには、契約書のないビジネスは多く存在します（たとえば、美容院、病院、レストラン等）。「ご購入後は、返品できません」という洋服屋や雑貨屋での口約束もそう。マッサージ店の「施術後の効果については個人差があります」等の文言に同意する書類がありますが、それも契約のひとつですね。そのように、「後から難癖をつけられたら困る」という場合には、簡単でもいいので「同意書」レベルの書類を用意するとよいでしょう。

知っておくと便利な「覚書」

業務委託に関する覚書

おけいこサロン○○○（以下、「甲」という）と□□Ｂ子（以下、「乙」という）は、甲の事務業務を乙に委託することついて、次のとおり契約を締結する。

第１条（委託業務）
甲は、乙に対して、以下の業務（以下、「本業務」という）を委託し、乙はこれを受託する。
（1）電子メール文書の受発信、整理、保管に関する事項
（2）金銭の受取、記帳、保管に関する事項
（3）ホームページ、メールマガジン、ブログ等の執筆、送信に関する事項
（4）教室、セミナー開催時の受付に関する事項
（5）顧客名簿の記入、管理に関する事項
（6）その他、前各号に定める業務に付随する事項

第２条（契約期間）
契約期間は、○○年○月○日から○○年○月○日までとする。契約期間満了日の１ヶ月前までに、甲乙いずれからも何ら申し出のないときは、本契約と同一の条件でさらに○ヶ月間更新するものとし、以後同様とする。

第３条（委託料および支払方法）
甲は乙に対して、本業務の対価として毎月金○○円也を支払う。当月分を翌月 25 日までに、乙の指定する銀行口座に振り込む方法で支払う。

第４条（再委託の禁止）
乙は、本業務を第三者に再委託してはならない。但し、甲が承諾したときは、その限りでない。

第５条（秘密保持）
乙は業務遂行上知り得たノウハウや顧客の個人情報等の秘密を第三者に漏洩せず、本契約期間終了後も同様とする。

第６条（協定外事項）
本契約に定めない事項、又は本契約の条項の解釈に関する疑問が生じたときは、甲および乙は誠意をもって協議し、これを解決するものとする。

本契約の成立を証するため、本書を２通作成し、甲乙署名捺印の上、各自１通を保管する。

平成○○年○月○日

甲　東京都○○区○○１－２－３
おけいこサロン○○○
代表　△△Ａ子（印）

乙　神奈川県○○市○○４－５－６
□□Ｂ子（印）

業務委託に関する覚書

おけいこサロン○○○（以下、「甲」という）と□□Ｂ子（以下、「乙」という）は、甲の事務業務を乙に委託することついて、次のとおり契約を締結する。

第１条（委託業務）
甲は、乙に対して、以下の業務（以下、「本業務」という）を委託し、乙はこれを受託する。
（1）電子メール文書の受発信、整理、保管に関する事項
（2）金銭の受取、記帳、保管に関する事項
（3）ホームページ、メールマガジン、ブログ等の執筆、送信に関する事項
（4）教室、セミナー開催時の受付に関する事項
（5）顧客名簿の記入、管理に関する事項
（6）その他、前各号に定める業務に付随する事項

第２条（契約期間）
契約期間は、○○年○月○日から○○年○月○日までとする。契約期間満了日の１ヶ月前までに、甲乙いずれからも何ら申し出のないときは、本契約と同一の条件でさらに○ヶ月間更新するものとし、以後同様とする。

第３条（委託料および支払方法）
甲は乙に対して、本業務の対価として毎月金○○円也を支払う。当月分を翌月 25 日までに、乙の指定する銀行口座に振り込む方法で支払う。

第４条（再委託の禁止）
乙は、本業務を第三者に再委託してはならない。但し、甲が承諾したときは、その限りでない。

第５条（秘密保持）
乙は業務遂行上知り得たノウハウや顧客の個人情報等の秘密を第三者に漏洩せず、本契約期間終了後も同様とする。

第６条（協定外事項）
本契約に定めない事項、又は本契約の条項の解釈に関する疑問が生じたときは、甲および乙は誠意をもって協議し、これを解決するものとする。

本契約の成立を証するため、本書を２通作成し、甲乙署名捺印の上、各自１通を保管する。

平成○○年○月○日

甲　東京都○○区○○１－２－３
おけいこサロン○○○
代表　△△Ａ子（印）

乙　神奈川県○○市○○４－５－６
□□Ｂ子（印）

長い契約書を作成できない場合は、「覚書」という契約書があります。「覚書」とは、お互いに合意した内容を記した書類で、契約書ほど長くなく（あくまでも私のイメージですが）Ａ４用紙１～２枚で事足ります。２部作成し、署名および捺印した上でそれぞれが一部ずつ保管します。契約書より簡単に作成しやすく、それでも契約書であることには変わりないので、簡単に契約を交わしたい時には有用。

「契約書」が、あなたを守ってくれる場面

- 口約束で、「期限」「単価」「個数」等の数字を間違いやすい場合（「聞き違った」と言われる可能性がある）
- サービス内容について、「このくらい」というニュアンスの説明では誤解が生まれてしまう場合（人によって、「このくらい」というイメージは違うもの。特に、その場にサービスを受ける本人がいない場合は、サービス完了後に「思っていたのと違った」となりやすい）
- お互いに合意した内容を書面に残さないことで、後から「聞いていない」「そんなこと言っていない」となりそうな場合
- 書面に「期日」「サービスレベルの限界」等の説明を残さないことで、「つくり直して欲しい」「直して欲しい」という依頼が発生しそうな時

契約内容を口約束でなく、「書面」で残しておくことで、トラブルを回避できます。フォーマットをつくっておけば、すぐにやり取りできます。

大企業との取引では、先方の「契約書」のここをチェックしよう！

- □ 期日、期限などの日付
- □ 取引金額にかかわる数字　「受託金額」「数量・個数」「単価」
- □ やり取りする商品、サービスの条件
- □ ものづくりの場合、特許や著作権などがどちらに存在するか
- □「やり直し」等には、別途、作業料を頂戴すること　等

大企業との取引では、先方が作成した「契約書」の雛形がある場合が多いでしょう。それをあなた用にカスタマイズしたものを２部くれて、署名と捺印して１部を相手企業、残りの１部をあなたが手元に保管します。契約書は捺印する前に、しっかり内容を確認しましょう。特に上のような項目や数字はしっかりチェックしましょう。

10-02

「未払い」トラブルで泣き寝入りしない!?「内容証明」とは?

多くの取引先とのおつき合いがはじまると、「代金の未払い」「仕入金を支払ったのに商品が送られてこない」等のトラブルが発生することがあります。「代金の未払い」等が発生したら泣き寝入りをしないで、まず何度も相手に対して、口頭や文書で請求依頼をしましょう。それでも難しい場合は、「内容証明」を送るという方法があります（あくまでも書類を送付するだけなので、それですんなり支払ってくれるとは限らない点にご注意ください）。

「内容証明」とは?

「内容証明」とは、郵便局で手続きし、郵便局が「差出日付」「差出人」「宛先」「文書の内容」を証明してくれる書留郵便です。正式には「内容証明郵便」といい、配達証明を付ければ、普通の手紙とは違って「相手が受け取った」という証明も取ることができます。

内容証明の特徴と送り方

内容証明を出す方法	①郵便局の窓口に行く ②電子内容証明（インターネット上で送信）
文書の形式	・1行20字以内、紙1枚に26行以内（紙や文字の大きさに決まりはない。手書き、パソコン出力どちらも可） ・文書と封筒の両方に「差出人」および「受取人」の住所と氏名を記載 ・書類は、同じもの3通を用意（相手へ送付、郵便局保管、自分保管分それぞれ1通）
料金	郵便基本料金（例：82円）＋一般書留の加算金430円＋内容証明の加算金430円（1枚目。2枚目以降は260円）＋配達証明310円（弁護士や行政書士等に作成してもらう場合は、その手数料）

- 相手が受け取った「日付」「受け取った事実」を知るために、「配達証明」をつけるようにしましょう。
- 小さな郵便局では内容証明を送れない場合もあるので、最寄りの郵便局や郵便局ホームページで確認してみましょう。

一般的に、次のような場合に「内容証明」を送ります。

- 売買代金の請求、貸したお金の請求
- 契約の解除・取消し、クーリングオフ、債権の放棄、時効の中断
- 手紙を相手に送ったという証拠を残したい場合　等

「内容証明」の効力

内容証明の書類自体の法的な効力は弱いのですが、受け取った相手に心理的なプレッシャーを与えることができます。もし相手がこちらの請求に応じず、裁判に発展した際には、内容証明が証拠になります。

未払い代金を請求する場合の文面例

平成○○年○月○日

東京都○○区○○１－２－３
株式会社□□□□
△△△△様

神奈川県○○市○○４－５－６
△△△△△△
□□□□（印）

請求通知書

拝啓　○○の候、貴社益々ご清栄のこととお慶び申し上げます。

さて、弊社が貴社に販売いたしました商品○○○○の販売代金××万円につき、平成○○年○月○日現在、お支払がございません。つきましては、下記をご確認いただき、本書面の到着後10日間以内に代金××万円をお支払いくださいますよう、催促をいたします。

敬具

記
販売した商品：　○○○○
販売期間：　平成○○年○月○日～平成○○年○月○日
販売代金：　××万円（税込）
支払期日：平成○○年○月○日

以上

10-03

見積書・請求書のつくり方

見積書

見込み客は、「あなたの商品・サービスを買っても大丈夫か?」「どのように仕事を依頼するといいか?」を確認するため、「見積を出してください」とおっしゃいます。見積書は「私は、このような条件で商品・サービスを提供することができます」とプレゼンする資料。見積書に決まりはないのですが、図のような作成ポイントがあります。

請求書

自分の商品・サービスが売れた時、お客様や取引先から代金を頂戴しなければなりません。代金を支払ってもらうために発行するのが、「請求書」です。実は、請求書に決まった形はありません。しかしビジネスの世界には、慣用的な書式が存在します。図に掲げた基本的な10のポイントを踏まえて、請求書を作成しましょう。

見積書・請求書の10のポイント

御見積書

発行日：20××年○月○日

株式会社○○○○ 御中

株式会社□□□□ 印
〒111－1111
東京都○○区○○1－2－3
TEL：03-××××-××××
FAX：03-××××-××××
E-MAIL：○○@aaabb.co.jp

この度は、御見積りの機会をいただき、厚く御礼申し上げます。
下記のとおり、御見積り申し上げます。
ご検討のほど、よろしくお願い申し上げます。

件名：○○商品のお見積り
本見積有効期限：20××年○月○日

御見積金額	¥540,000（税込）

概要	単価	数量	金額
商品A	¥2,000	25	¥50,000
商品B	¥5,000	10	¥50,000
商品C	¥10,000	10	¥100,000
商品D	¥100,000	3	¥300,000

小計	¥500,000
消費税	¥40,000
合計	¥540,000

備考：
上記は○○の条件でお見積りしました。○○が必要な場合は別途お見積り致します。

②「発行日」を右上に書きます

④会社名に少しかかるくらい、右寄りに「社印」を押しましょう

⑤先方がすぐに連絡をしやすいよう、こちらの住所、電話番号、Eメールアドレス等を書いておきましょう

⑧見積りの「有効期限」を明記することで、先方の意思決定を早め、期間内での申し込みにつなげます

⑥支払い時のトラブルを避けるため、明細（特に数字）は細かく書くといいでしょう

⑦明細は、「（消費税抜きの）小計」と「消費税」の欄を設けるといいでしょう（消費税率が変わっても対応しやすいため）

⑨見積書を送付する封筒は、一般的に「長3（長形3号）」（12cm×23.5cm）です。A4見積書は、三つ折りにして同封

①用紙サイズは、「A4」サイズが一般的です

③会社・団体名、部署名には「○○株式会社御中」「○○株式会社△△部御中」のように、「御中」を使います。個人名には、「様」と書きます

御請求書

発行日：20××年○月○日

株式会社○○○○ 御中

株式会社□□□□ 印
〒111－1111
東京都○○区○○1－2－3
TEL：03-××××-××××
FAX：03-××××-××××
担当：△△△△

平素は格別のご高配賜り、厚く御礼申し上げます。
下記のとおり、御請求申し上げます。

お支払期限：20××年○月○日
振込先：○○○○銀行　△△支店
普通口座×××××××
口座名義　カ）□□□□

御見積金額	¥540,000（税込）

概要	単価	数量	金額
商品A	¥2,000	25	¥50,000
商品B	¥5,000	10	¥50,000
商品C	¥10,000	10	¥100,000
商品D	¥100,000	3	¥300,000

小計	¥500,000
消費税	¥40,000
合計	¥540,000

＊誠に恐縮でございますが、振込手数料は貴社のご負担にてお願い致します。

②「請求日」を右上に書きます

⑤「支払期限」を明記します。相手先の締日を記載する場合が多いでしょう

⑥「振込先の銀行口座」を明記します

⑨請求書を送付する封筒には、「請求書在中」と記載しましょう（ゴム印も売られています）。A4請求書は、三つ折りにして同封します

⑩請求書は、支払期日より1ヶ月前に先方に届くようにすると丁寧です

⑧振込手数料を負担して欲しい場合は、明記しましょう

10-04

特許の取り方

発明して「特許」を取り、それで収入を得られたらどれだけ素敵な人生だろう！　誰でも一度は夢見ることではないでしょうか。ここでは、「特許」の取り方を解説しましょう。

アイデアを考えたら、最初にすべきこと

アイデアを思いついたら、特許庁のホームページで、同じアイデアが特許として申請されていないかを確認しましょう。そして試作品をつくります。随時、特許申請の調査をしながら、できる限りはやく、特許庁に申請を出しましょう。

発明を商品化する方法

発明アイデアが収入に結びつくなら、当たり前ですが、商品化されなければなりません。ひとり起業家が自分で生産するか、もしくは、どこかの企業に生産と販売を担ってもらう

特許に必要な要件

◆特許法における「発明」の4つの条件

<条件1>　自然法則を利用

○ 自然界で経験的に知られている原理を利用
× 経済指標、コンピュータ言語等の人為的な取決めは該当しない

<条件2>　技術的思想

その技術を使うと、誰でも同じ結果が得られる事
× 技能、美術品、単なる情報公開は該当しない

<条件3>　創作

新しく作り出したものであること
× 天然物の「発見」は該当しない

<条件4>　高度のもの

特許「発明」と実用新案「考案」の区別基準

＋

◆特許出願後、審査される「要件」

①産業上利用できるもの
②新規性があること
③進歩性があること
④先願であること

＜禁止されている発明＞
・公序良俗に反するもの
・公衆衛生(環境)を害するもの

参考文献：
『ネット時代の特許と実用新案』(吉原政幸監修)
『知的財産のしくみ』(土生哲也著)

ことになります。まず、商品化に適した企業を探します。そしてアイデアを売り込みます。企業宛に試作品を送ってみましょう。コンタクトが取れたら、企業からのアドバイスをしっかり聞いて試作を繰り返していくことになります。発明のコツについては、特許に関するセミナー等を受け、専門家に聞いてみるのもいいでしょう。

気になる収入(ロイヤリティ)

どこかの企業で発明が商品化された場合、発明のロイヤリティ収入は、たとえば、発明品の卸値の3〜4%。それが発明者の収入となります。もちろん自分で生産して販売ルートをつくれば、卸値の100%が収入になりますね。

10-05

増えている、女性のひとり起業

私の実感としても、女性起業家が増えています。特に2010年を越えたあたりから、20～30代の女性が会社を堂々とつくる風潮になった社会の雰囲気を感じました。なんというのでしょうか、人気女性誌「VERY」でも「ママの職業　会社経営、代表取締役」みたいなプロフィールがバーンと掲載されるようになったイメージです。私は、ひとり起業塾を2003年にはじめましたが、その当初は「女性が会社をつくるなんて」という感じの方が多かったように思います。その後、インターネットも発展し、時代は大きく変化しているのです。起業する年齢は若くなり、中学生で会社を設立する少年、高校生社長と呼ばれる少女が何名も誕生しています。

また、大学生でミニスカート、かわいらしい洋服で「社長です」と言う女子大生社長も増えています。就職しないで、大学卒業後は自分のビジネスを展開しています。

女性経営者は、年々増えています

出典：東京商工リサーチ「全国女性社長調査」

それでも、まだ起業家が少ない日本

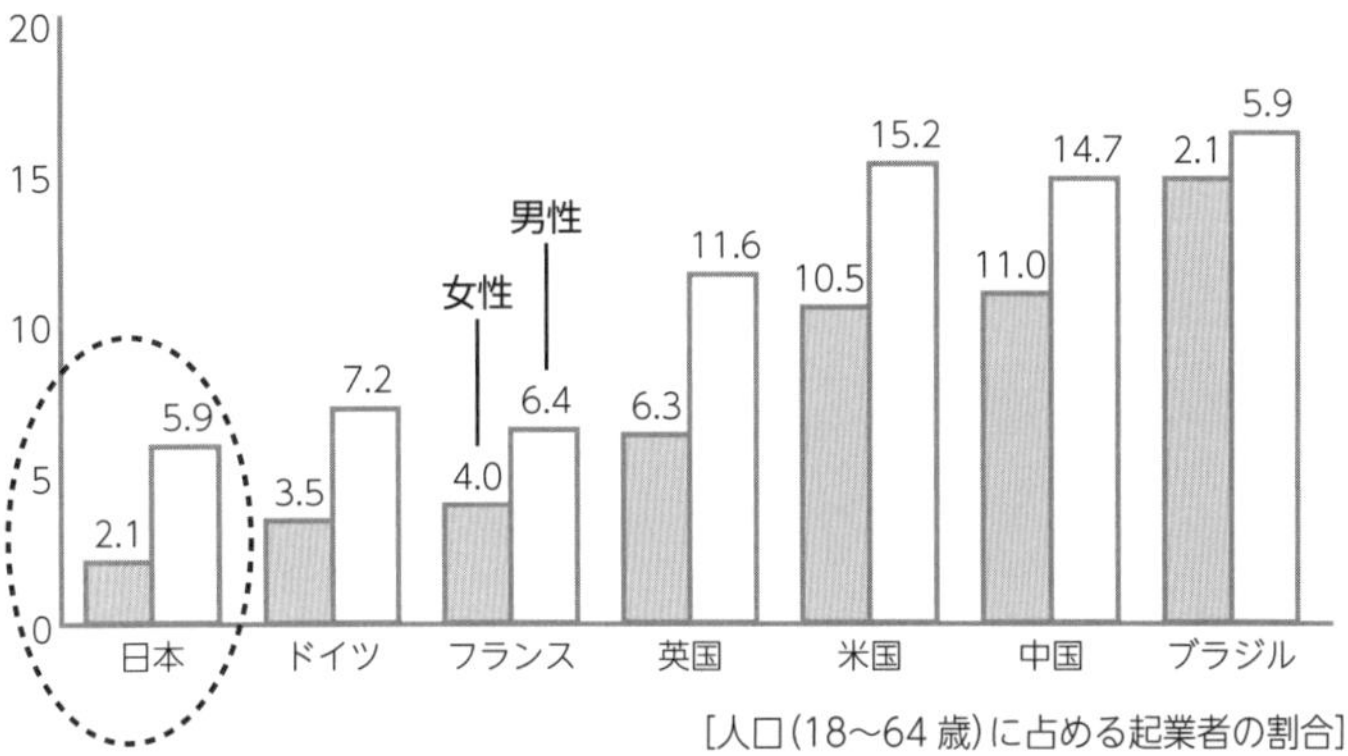

[人口(18〜64歳)に占める起業者の割合]

資料：グローバル・アントレプレナーシップ・モニター
2012年調査より、日本政策金融公庫が作成

10-06

株式会社を考える分岐点とは？こうなったら法人化しよう

女性起業家の多くは、「個人事業主」として開業しています。しかし開業後に何らかの理由で、「株式会社をつくろうか？」「ＮＰＯ法人にしたほうがいいの？」と悩む瞬間が出てきます。または「同じ種類の事業をしている○○さんは、株式会社化しているから、自分も株式会社にしたほうがいいだろうか？」と考える機会もあるでしょう。このページでは、先輩女性起業家がどのような「タイミング」で法人化しているかを見てみましょう。

ちなみに「法人」とは、「株式会社」「合資会社」「合同会社（ＬＬＣ）」「合名会社」「ＮＰＯ法人」「一般社団法人」といった組織のことです。

法人化にはいろいろなタイミングが重なります。最初は個人事業主として気負わずにはじめて、「そろそろ法人化するタイミングかな？」と感じた時に、法人化するのが自然な流れでしょう。

個人事業主として開業した女性起業家が「法人化」を考えるタイミング

大企業との取引を開始するため ➡ 株式会社を設立

大企業と取引をするために、株式会社を設立する起業家が多くいらっしゃいます。大企業の中には、個人事業主とは取引をしない会社もあります。そんな大企業から、「うちの会社では、個人事業主とは取引できない。あなたと取引はしたいのだけれど、それなら法人でないと……」と言われ、慌てて株式会社をつくった、という場合も多くあります。

従業員を雇い入れるタイミング ➡ 株式会社を設立

はじめは個人事業主で起業し、さまざまな仕事を請け負ったりして売上が伸びる分野を探していたＡさん。開業から数年後に売上高が安定し、自分のサポートを常勤でしてくれる従業員を雇用することを決めました。そのタイミングで株式会社を設立しました。

事業内容に賛同する共同事業者を集めて ➡ NPO 法人を設立

事業内容が営利でなく、「社会の問題を解決する」ことで利益よりも活動の広がりを重視する非営利事業の場合、ＮＰＯ法人を選択するといいでしょう。私の印象では、法人設立の数年前から、数名が集まって非営利の活動を行なっていた任意団体が、活動を広めるためにＮＰＯ法人化するケースが多いように感じます。

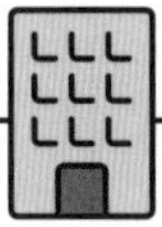

「大企業との取引を開始したい」「売上高が安定してきた」「従業員を雇うようになった」「事業を拡大したい」というのが、法人化を考えるタイミングのようです。

10-07

株式会社のつくり方

それでは「株式会社」について見ていきましょう。

2006年5月に新会社法が制定された際、「1円株式会社」という言葉が話題になりました。それまで有限会社には300万円、株式会社には1000万円の資本金、そして取締役が株式会社には3名以上必要でした。しかし資本金1円および取締役1名で会社を設立することができるようになり、株式会社の新規設立数は年々増えています。

もちろん、ひとりで設立した株式会社も増えています。

法人の設立というと難しく聞こえますが、とても簡単に言うと、「必要条件を揃え、必要な書類を作成し、承認された書類を決められた役所に提出する」という手続きです。「会社名」と「どのような事業をするか?」がすでに決まっていれば、後は手順に則って、必要な条件や書類を揃えていくことになります。

株式会社を設立する必要条件や設立方法は、次のようになっています。

株式会社の特徴

何人で設立できるか	「取締役」が1名以上。つまり、ひとりで株式会社を設立することができる。
必要な機関	・株主総会 ・取締役 ・取締役会（設置は任意） ・監査役（設置は任意） ・会計監査人（設置は任意）
資本金	1円以上
設立にかかる費用	定款認証代、印紙代＋登録免許税　等

株式会社の設立手順

1 発起人（設立する人）の確定

▼

2 定款の作成（会社の目的、資本金額、設立者を記す書類）

▼

3 公証役場で、定款の認証を受ける

▼

4 発起人の株式引受、株式全額払込み（銀行、信用金庫）

▼

5 取締役、監査役の選任

▼

6 取締役会の開催

▼

7 本店所在地を管轄する法務局支局、出張所で設立登記

早ければ2週間程度で設立できます。

10-08

一般社団法人のつくり方

一般社団法人は、社会活動的な事業を行なう社会起業家やNPOのような非営利活動を行なう任意団体に向いた法人形態です。一般社団法人の定義は、平成20年12月施行の「一般社団法人及び一般財団法人に関する法律」に定められています。次のような特徴を持ち、2名以上の社員がいれば設立できるので、女性起業家にも一般社団法人を設立して事業をされている方々がいます。

NPO法人との違い

NPO法人：所轄庁の承認を受け、登記を完了することによって設立。
一般社団法人：所轄庁の認可を必要とせず、公証人役場で定款認証、法務局で登記を完了して設立。

その他、左のような特徴があります。

一般社団法人の特徴

事業内容の制限	従来の社団法人と違い、事業内容に「公益性」がなくても設立できる。法人が行なう事業内容に制限はない。
何人で設立できるか	「社員」が２名以上必要。「社員」とは、社員総会で議決権のある人のことで、法人が社員になることも可。
必要な機関	・社員総会 ・社員以外に役員として、理事１名以上 ・理事会、監事または会計監査人を置くことができる
資本金	必要ない
設立にかかる費用	定款承認費＋設立登録免許税
税制	「営利型」一般社団法人：一般の法人税率と同じ 「非営利型」一般社団法人：税制の優遇がある

一般社団法人の設立手順

1 ２名以上の設立者の確定

▼

2 定款の作成（法人の目的、設立者を記す書類）

▼

3 公証役場で、定款の認証を受ける

▼

4 設立時理事、監事の選任

▼

5 事務所所在地を管轄する法務局支局、出張所で設立登記

早ければ２週間程度で設立できます。

おわりに

私が起業した2002年初頭、渋谷のシリコンバレーではネットベンチャーが活気づき、その多くの会社が今や上場企業となりました。

一方の私は、規模の拡大どころか、ずっと「ひとり起業」のまま。実はこれを劣等感に思った場面も多々あります。しかしインターネットを通して、ひとりでも物販と発送、営業、PRができる時代となり、「ひとり起業を続けること」は、ひとつのライフスタイルとなったと感じます。

この本の事例に登場してくださった、凛とした美しき3人の起業家さんもネットと知恵をフル回転させて、独自のお仕事をつくっていらっしゃいます。ひとりでも大企業と取引し、多くのお客様と出会われています。これからもっと、ひとり起業の進化が進み、2000年初頭に想像した以上の「現実」となるでしょう。

そして女性らしい特性を活かして、女性もド真ん中で仕事ができる時代の波がどどーっと押し寄せています。同文舘出版さんはそんな中、『マイペースで働く！　女子のひとり起業』に続く本書を書く機会をくださいました。「ひとり起業女子」としてハッピーな生き方を創り上げる人が増えれば、その周りの人達も一緒にハッピーになります。本書を読んでくださっているあなたは、そんな「自分らしい幸せ」をつくる方でしょう。
この本を手にとってくださり、どうもありがとうございます！

10年前には想像もしなかった自分らしいお仕事をつくって、育てる「好き」を「唯一無二の存在」に進化させ、お客様にも喜んでもらう

そんな女性たちが、現在進行形で増え続けています。知恵を磨き、新しい知識や考え方を体内に取り込みながら、どんどん進化している。10年後には、ひとり起業女子がもっと増えているでしょう。そんな道すがら、私もがんばろうと思いますし、ワクワクします！

最後になりましたが、取材を快く引き受けてくださった3名の経営者様に、心より感謝申し上げます。また前作同様、温かく見守ってくださった同文舘出版の古市達彦部長、ほぼ毎日励まし続けてくれた編集者の竹並治子さん、営業の皆様、全国の書店様にも言い尽くせないほどの感謝、感謝を申し上げます。

2016年盛夏　滝岡幸子

著者略歴

滝岡幸子（たきおか　さちこ）

中小企業診断士・経営コンサルタント、「ひとり起業塾」主宰、ポテンシャル経営研究所代表
1975年生まれ。外資系コンサルティング会社・プライスウォーターハウスコンサルタント（現IBMビジネスコンサルティングサービス）で、多くの企業の戦略立案、業務改善に従事。

2002年に有限会社ポテンシャルを設立。当初は従業員が増えていく会社をめざしたが、「少ない資金、低リスクで身軽に、自分らしい生き方をめざす『ひとり起業』」のほうが合っていると実感し、大企業とはまったく違う、身の丈にあった経営戦略や新しい働き方を研究し、世の中に提案している。

起業家の生き方、中小企業が勝ち抜く戦略を考えることをライフワークとし、中小企業へのコンサルティング、企業研修、講演、ワークショップ・セミナー、各種メディアでの執筆連載等の多方面で邁進中。モットーは「転んだら、宝石をつかんで起きよう！」。

著書に『ど素人がはじめる起業の本』『図解 ひとりではじめる起業・独立』（翔泳社）、『マイペースで働く！ 女子のひとり起業』『はじめよう！ 移動販売』（同文舘出版）などがある。

1児の母。

HP：http://www.potential7.co.jp
ブログ：http://ameblo.jp/sachiko-takioka
Mail：info@potential7.co.jp

マイペースでずっと働く！
女子のひとり起業 2年目の教科書

平成28年9月14日　初版発行

著　者 —— 滝岡幸子

発行者 —— 中島治久

発行所 —— 同文舘出版株式会社

東京都千代田区神田神保町1-41　〒101-0051
電話　営業03（3294）1801　編集03（3294）1802
振替 00100-8-42935
http://www.dobunkan.co.jp/

ISBN978-4-495-53551-3
印刷／製本：萩原印刷
Printed in Japan 2016